JN068931

なぜ『異世界もの』の主人公には男友達がいないのか？

漫画、小説、ゲームの「あるあるネタ」からひも解く男女の心理

小林 奨
text by Sho Kobayashi

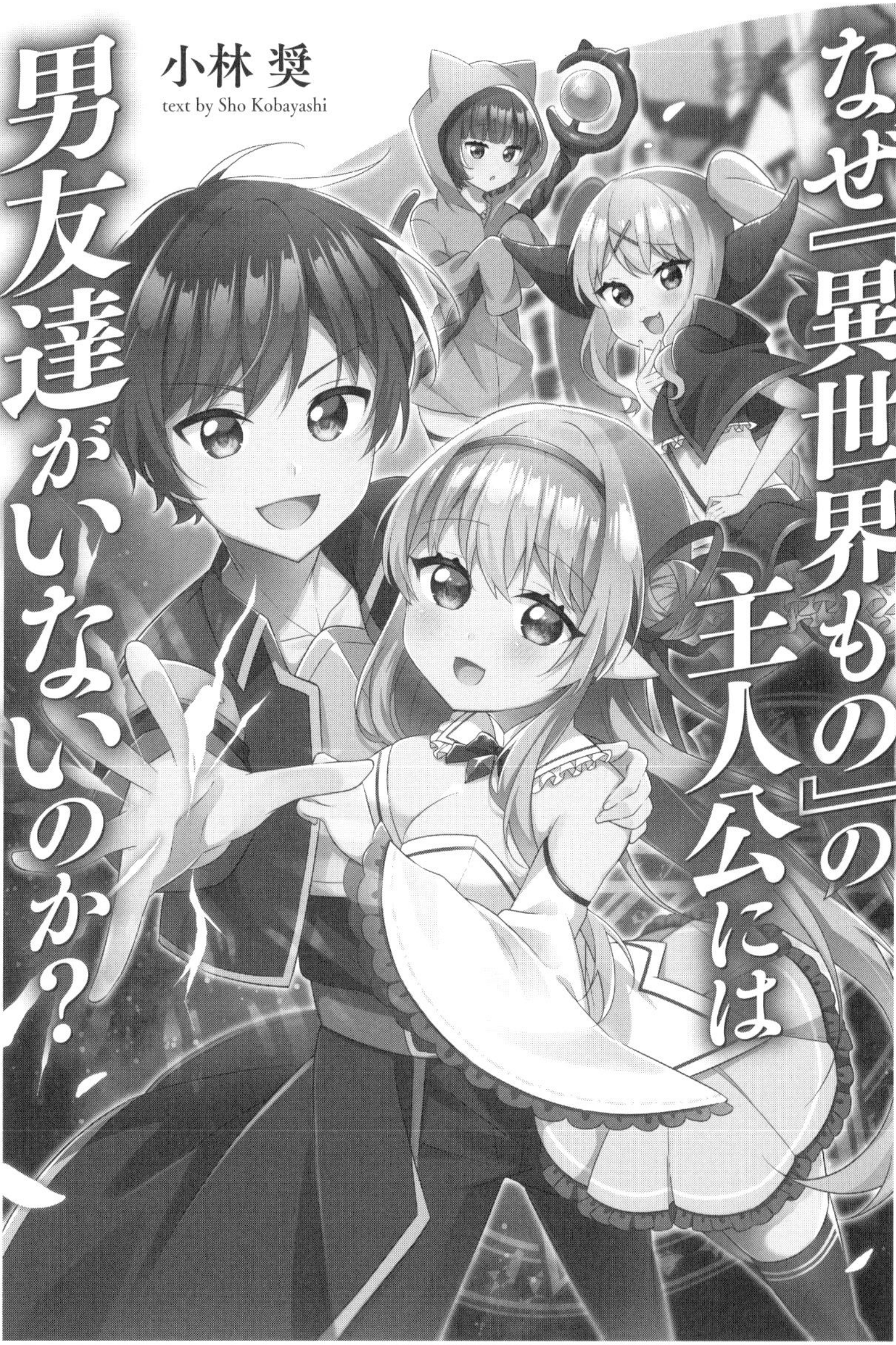

彩図社

【はじめに】

サブカルは男女の「こうあるべき」「こうありたい」の縮図

■「いわれてみれば」というネタは、「無意識のバイアス」といえる

読者のみなさまは、ファンタジーはお好きですか？

本書の表紙に出てくるような、

「強力なチート魔法を使えて、頼りになる主人公」

「それを隣でしっかりと支えてくれる、可愛い異種族の女の子」

「気になる主人公に、ちょっかいをやたらかけてくる生意気な子」

「引っ込み思案だけど、本当は主人公を大切に思っている可愛い中性的な子」

などなど、様々な個性を持ったキャラクターと旅をする、そんな人生を送ってみたいと思ったことは、誰もが一度はあることでしょう。

こういった魅力的なキャラクターは、日本ではオンライン小説をはじめ、漫画やアニメ、ゲームなど様々なサブカルチャーに登場し、私たちを楽しませてくれています（本書に彼らは出てきませんが、この４人を中心にした小説や漫画原作も、いつか書いてみたいものです……）。

そうした作品を見ていて、

「男性キャラはどの小説でも、たいていは○○である」

「女性キャラはどの漫画やゲームでも、多くの場合△△である」

といった「共通の法則」があることに気づいたことはないでしょうか？

代表的なものが、本書のタイトルにもあるような、

「『異世界もの』の男性主人公には〝同性の友達〟がいないことが多い」

というものでしょう。

他にも、

・男性向けのオンライン小説のタイトルには「最強」という文字がよく入る
・女性向けのオンライン小説のタイトルには「私」があまり入らないが、男性向けのオンライン小説のタイトルには「俺」はよく入る
・「殺し屋」は男性も女性も多いが、「殺される側」は男性ばかりである
・男性向けのコンテンツのヒロインには「奴隷」「妹」「メイド」が多い
・「四天王」キャラの男女比は大体「男3：女1」で、女性は先鋒でも筆頭でもない

など、探せばいくらでも出てきます。

このような法則について、皆さんは、

「いわれてみればそうだけど、気にしたことがなかった」

「ただの偶然なんじゃないの？」

と思うかもしれません。

しかし、サブカルというのは基本的に**「読者の〝こうなったらいいな〟という深層心理や願望を具現化したもの」**です（そうじゃないと売れませんからね）。

そのため、サブカルに見られる〝法則〟は、

「現実世界において男性や女性が生きづらさを覚えているからこそ、自然発生的に生じるよう

になった」

と見ることができるのです。

具体的には、

「男性向けのオンライン小説のタイトルには、〝最強〟という文字が入ることが多い」

という法則からは、

「**男性は『メリトクラシー（実力主義）』の世界に生きることを余儀なくされている**」

ということが導けますし、

「女性向けのオンライン小説はタイトルに〝私〟があまり入らないが、男性向けのオンライン小説に〝俺〟はよく入る」

という法則からは、

「**女性は〝個人のスキル〟より〝集団間の協調スキル〟が求められる**」

といったことが読み解けます。本書は、そのようにサブカルに存在する様々な〝法則〟がどこから生まれたのか、ということを探ろうとするものです。

第一部ではおもに男性向け作品における〝法則〟を、第二部では女性向け作品における〝法則〟を取り上げています。

様々な〝法則〟が生まれた原因を追究したとき、どのような問題が明らかになるのでしょうか。〝サブカルあるある〟の源流をたどる冒険に出かけましょう。

なぜ『異世界もの』の主人公には
男友達がいないのか？
～目次～

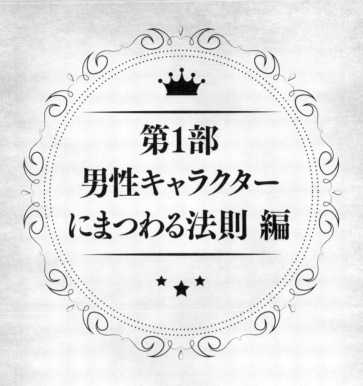

第1部
男性キャラクターにまつわる法則 編

まず「男性キャラクター」のサブカル作品における扱いから、男性が抱えやすい問題や周囲が男性に対して持つ「異性観」について解説を行います。いわずもがなですが、本書には「だから女はダメなんだよ」といった「異性叩き」をする意図はまったくありません。本書が「男性・女性双方の立場で相手を理解することの難しさと重要さ」についての認識を深めることにつながれば幸いです。

【第1部　第1節】

なぜ「異世界もの」の主人公には男友達がいないのか？

「異世界もの」の男性主人公には、あまり男友達がいません。また、「あの子と友達になれるなんて嬉しい！」と同性に対して思うシーンも男性主人公にはまずありません。このことの背景には、男性の「他者への意識の違い」が隠れています。

■「この子と友達になりたい！」現象は、フィクションでは基本女性同士である

女性向けの「異世界もの」で、主人公が街で知り合った可愛い女の子を見て、「この子、可愛い！　がんばってこの子とお友達になるわよ！」と奮起するシーンは、別に珍しいものではないでしょう。

たとえば、『レディローズは平民になりたい』（原案：こおりあめ、作：木与瀬ゆら）という漫画では、乙女ゲームの世界に転生したヒロインが、シスターの少女と友達になれたことを喜び、彼女と自分が抱き合う姿を妄想するといったシーンがありました。

しかし、そうしたシーンは男性主人公にはまずありません。

「こいつ、かっこいいな！　よし、がんばってこいつとダチになるぞ！」

そう奮起して抱き合う姿を想像する。そんなシーンがあるのはＢＬ系の漫画か、さもなくば、「兄貴、オレは一生あんたについていきます！」

といった系統の、いわゆる上下のある関係性です。〝対等な立場の友人になりたがる〟といったシーンはあまり出てきません。この傾向は、主人公の年齢が上がるに従って顕著になっていき、同性の友人との関係を描いたシーンはどんどん少なくなっていきます。

近年人気の男性向けの「異世界もの」などは、その好例といえるでしょう。男性主人公の「異世界もの」では、パーティーのメンバーは基本的に若くてきれいな女性しかいません。

それに対して男性キャラクターはというと……、

①たまに出てきて主人公を持ち上げる「**舎弟キャラ**」

②冒頭で主人公を不幸のどん底に叩き落としたのち、①か③に移行する「**冒頭キャラ**」

③最初は調子こいているが、途中で散々な目に遭う**「やられ役キャラ」**
④体は男性ではあるが、いわゆるヒロイン枠である**「女性の延長キャラ」**

といった役回りが中心です。

この中で④は実質的に女性キャラ扱いなので例外とすると、男性主人公の「異世界もの」に登場するその他の男性キャラは、**単なる「舞台装置」としての役割**が求められているということが分かります。

また、男性がごく少数になった世界で、残ったわずかな男性が圧倒的多数の女性陣と子作りを行う世界を描いた『終末のハーレム』（原作：LINK、作画：宵野コタロー）のように、**「自分以外の同性が極端に少なくなった世界」を喜ぶ読者層が多い**のも、圧倒的に男性読者です（というより「男性が極端に少なくなった世界」を男女ともに好むと言っていいのかもしれません）。

一方、女性向けの「異世界もの」に目を向けると、同性の友人は普通に出てきますし、主人公と同性キャラクターの「友達関係」がストーリー上でも大きな核になっています。

これはゲームでも同様です。例として『ときめきメモリアル Girl's Side』を挙げてみましょう。

この作品は、人気恋愛シミュレーションゲーム『ときめきメモリアル』の女性向けの作品で、女性キャラ目線で物語が進んでいきます。このゲームでは異性だけでなく、同性の友達との関係も重視されていました。友人と好みの男性が被ると、その友人は「ライバル」になってしまい、もとの関係に戻るまでにかなりの時間がかかるのです。キャラによってはライバル化すると性格が豹変する子もおり、友人相手にどう立ち回るかも攻略のポイントになっていました。

しかし、そういった友人同士の濃密な関係は、男性目線のゲームではあまり見られません。これは女性向けゲームの特徴といってもいいでしょう。

「少年漫画は、『友情』をテーマにした作品が多いじゃないか」

というご指摘があることはもちろん承知しています。

たしかに少年誌には、「友情」をテーマにした作品がたくさん掲載されています。ですが、それらの作品を観察すると、彼らの関係はいわゆる「普通の友達」とは違うことに気づかされます。友人というよりは、**共通の目的や理念を持つ〝同志〟、あるいは固い絆でつながった〝仲間〟**といった意味合いが強いのです（実際、少年誌における男性同士の友人関係は、ほぼ〝仲間〟と言い換えることができます）。

はたして、旅の目的を達成した後、主人公たちは互いに家庭を持った後もプライベートで一緒に遊ぶでしょうか。その姿がイメージできない関係も多いと思います。

では、男性向けの作品には、どうして同性の友達があまり出てこないのか。

その背景には、年齢・性別による、他者に対するサポート意識の違いがあると思われます。

■男性は若くなると、他者をサポートしたいと思う人が減っていく

なぜ、異世界ものに限らず男性向けの漫画には、

「毎日一緒にだらだら過ごすだけの〝同性の友人〟」

が出てこないのか。

そこから読み解けるのは、

「読者＝男性は、同性との〝目的のない友人関係〟を持つことに、あまり魅力を感じない」

という心理が私たちに働いているということです。

これは裏を返すと、

「男性は、他者から友人として求められることが少ない」

ということができるでしょう。

内閣官房の孤独・孤立対策担当室が、興味深い調査を行っています。報告では「他者を手助けをしようと思う」という質問の答えに対し、男女で明確に差が出ていることが分かります。

グラフを見ると、10代のうちは男女の間での「しようと思う」「思わない」の差があまりな

年齢別他者へのサポート意識

「人々のつながりに関する基礎調査」（内閣官房ホームページ）より

■ 他者をサポートしようと思うか？（男性）

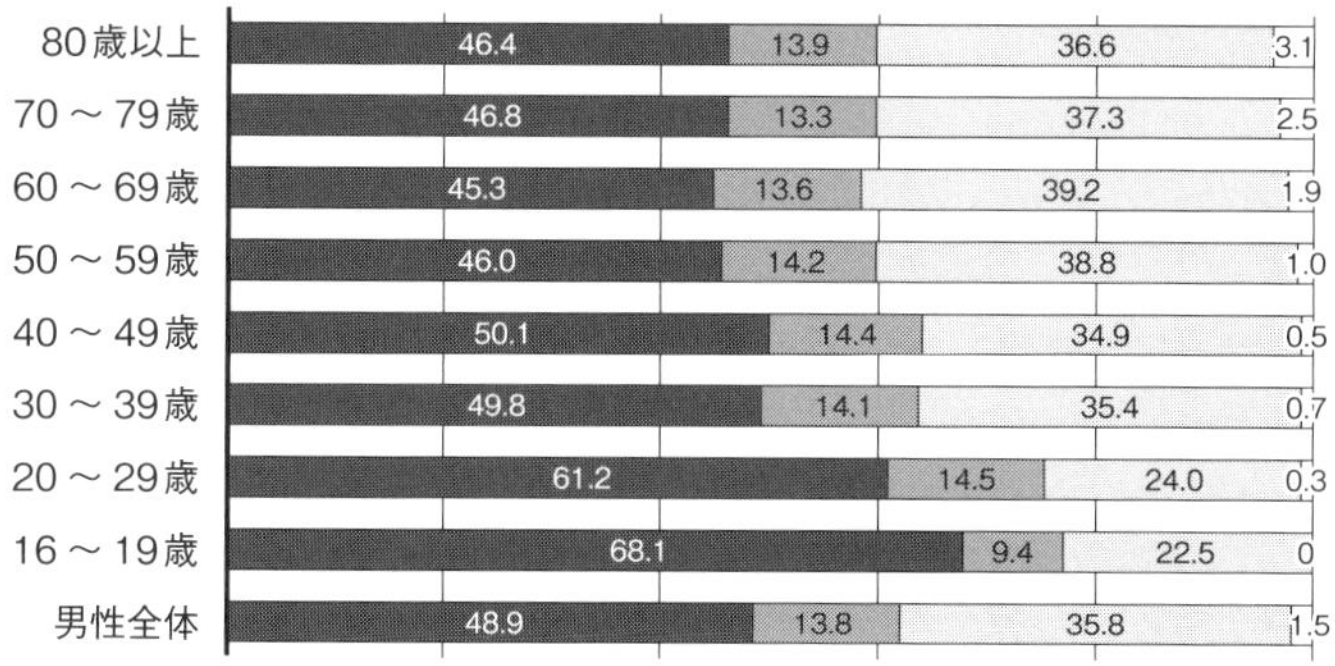

■ 他者をサポートしようと思うか？（女性）

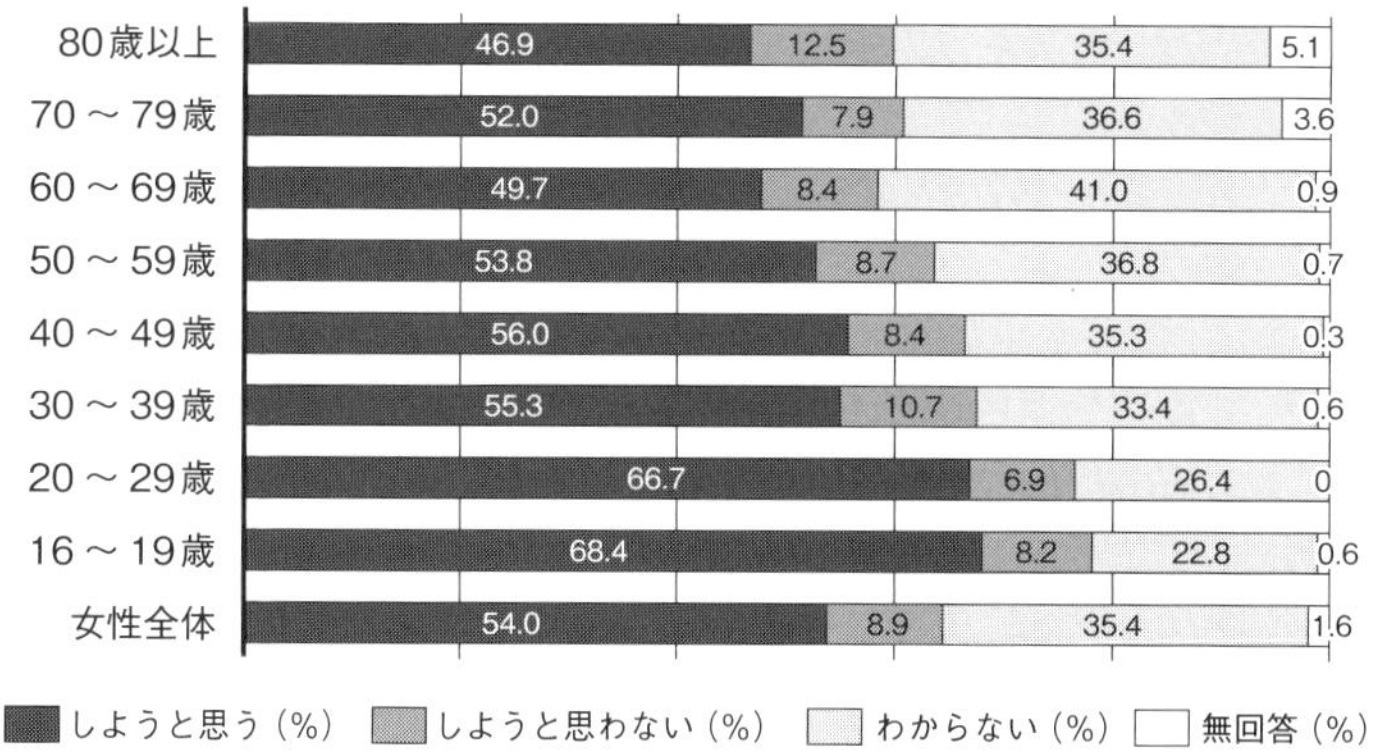

Point：ゲームや少年誌の「主人公世代」は「手助けしよう」と思う世代が多いが、「おっさん世代」になるとその意識は急激に低下する。

いのですが、20代から30代にかけてどちらも「しようと思う」が減っていき、「しようと思わない」「わからない」が増えていく傾向にあります。

この理由としては、結婚や転勤によるライフスタイルの変化や、出世などによって仕事が忙しくなることで周囲を援助する余裕がなくなることも大きな一因でしょう。

この傾向は男性の方がとりわけ顕著で、30代の時点で手助けを「しようと思う」が明らかに減少し、「しようと思わない」「わからない」が上回っています。

このグラフから読み解けることは、

すなわち、

「男性は〝助け合う意識〟が年齢を重ねるごとに減少していく」

「男性は年齢を経るごとに、お互いが助け合う〝友人関係〟を求めなくなっていく」

ということです。

実際、アニメや漫画にも、このグラフと同じような傾向が表れています。

主人公の年齢が若い少年漫画では「友情」をクローズアップした作品は多いですが、主人公の年齢が比較的高くなる「異世界もの」では同性の友人の出番が極端に少なくなります。

実際の肌感覚でも同じではないでしょうか。

仕事場以外では、若くない男性の「居場所づくり」は難易度が高いものです。

たとえば、男性がひとりで「○○教室」や「△△クラブ」など地域のコミュニティに参加したとします。右も左もわからずに戸惑っている時、周囲の人々は優しく声をかけてくれるでしょうか。女性に比べれば、声をかけられる確率は低くなると思います。年齢を重ねた男性が新しいコミュニティで居場所を築くには、高いコミュニケーション能力が求められるのです。

実際、定年退職などで長年務めた会社のようなコミュニティを抜けると、とたんに男性は孤独に陥るケースがあります。周囲から友人として求められにくくなるし、また自分自身も同世代の男性を友人として求めなくなるからです。

男性の抱える根源的な孤独。それが「異世界もの」に限らず、様々なサブカル作品に表れていると見ることができるのです。

■まとめ
男性は30代に差し掛かると、他者をサポートしたいと思う気持ちが急激に下がる。このことが、お互いを支え合う「同性の友人」を求めようとしない心理につながるため、異世界ものの男性主人公は男友達が少ないと考えられる。

【第1部　第2節】

なぜ男性向けの漫画のタイトルには「最強」が入ることが本ッ当に多いのか？

「最強」という響きがよほど好きなのでしょう、男性向けの作品のタイトルには、本当によく「最強」という言葉が入っています。一方で女性向けの漫画にはあまりこの文言は見られません。なぜそうした現象が起きるのか、その原因を解説いたします。

■オンライン小説のタイトル三大用語は、「最強」「チート」「ハーレム」

「なあなあ、漫画の世界で最強のキャラって誰だと思う？」

「はあ？　そりゃやっぱ、道具持ったドラえもんだろ？　『タンマウォッチ』ひとつでほとんどのヒーローを倒せるし、もっとやばい道具も腐るほどあるし！」

「そうかあ？　でも、『DEATH NOTE』のリュークには、人間界の道具って効果ないんじゃないか？」

「けど、ロボットのドラえもんにだってデスノートは効かないんじゃないか？　なら、引き分けになるんじゃね？」

……といった『漫画キャラ、どっちが強いか選手権』は、今日もどこかで子どもたちによって開催されていることでしょう。

基本的に、男性は「最強」という言葉が好きです、それはもう本っ当に。

先に挙げた例の他にも、

「『鬼滅の刃』で最強の柱・最弱の柱は誰だ？」

「『ジョジョの奇妙な冒険』のスタンド能力で最強は誰だ？」

「『ＯＮＥ　ＰＩＥＣＥ』の悪魔の実で最強の実はどれだ？」

など、「最強」を主軸にした話題は今まで何度も繰り返されてきました。

「とりあえずバトル要素がある漫画なら、必ず『最強は誰だ』論は発生する」と考えても差し支えないでしょう。

この「最強」を好む傾向は、漫画のタイトルにも反映されています。

近年の漫画で「最強」がタイトルに入った作品を挙げると、

・『ありふれた職業で世界最強』（原作：白米良、作画：　ＲｏＧａ）
・『ハズレ枠の【状態異常スキル】で最強になった俺がすべてを蹂躙するまで』（原作：篠崎芳、作画：鵜吉しょう）
・『一億年ボタンを連打した俺は、気付いたら最強になっていた～落第剣士の学院無双～』（原作：月島秀一、作画：士土幽太郎）
・『俺は全てを【パリイ】する～逆勘違いの世界最強は冒険者になりたい～』（原作：鍋敷・カワグチ、作画：ＫＲＳＧ）

など、タイトルに「最強」と入る漫画は枚挙に暇がありません。
この他にも「最強」がテーマになったものには、

・極道、空手家、中国拳法使い、力士、１４０年以上も生きている老人、果ては中生代に生息していた人間のような生き物（本編を読んだ人でないと、何を言ってるか分からないと思います）など様々なキャラが集まり、「誰が強いのか」を競い合う『刃牙《バキ》シリーズ』（作：板垣

恵介）
・サブタイトルが「最強」であり、各地にいる格闘家と戦って技をラーニングして、敵を倒していくＲＰＧゲーム『ライブアライブ』の現代編
・男の子なら一度は発動を夢見たであろう「波動拳」で有名な「リュウ」。彼の名前を「竜」「龍」と勘違いしている人も多いであろう『ストリートファイターシリーズ』（ちなみに正しくは「隆」です）

などがあり、それらはほとんどの場合「男性向け」のコンテンツです。

くわえて、最強をテーマにした作品の主人公は、

「家庭環境自体は平凡（あるいは貧困層）だが、出自や血統をはじめとする先天的な資質が大変恵まれている」

ケースが多いです。主人公が宇宙人である『ドラゴンボール』（作：鳥山明）や竜の騎士の血を引く『ダイの大冒険』（原作：三条陸、作画：稲田浩司）のダイなども、血筋に恵まれていますよね。

そのことから、身もふたもない言い方をすれば、男性向けの「異世界もの」の本質は、

「〝周囲より極端に有利な能力〟を使って〝周囲が自分に従う状況〟を作り、〝金と女と名誉〟

を手に入れる」

物語といえるでしょう。

このようなコンテンツが男性向け漫画で好まれる背景には、男性が抱えている「**メリトクラシー（実力主義）の世界で生きなければならない**」という問題が隠れていると思われます。

■男性向けの異世界ものに「平凡な家庭」の「非凡な能力」を持つ場合が多い理由

ＷＥＢ小説の類に限らず、多くの男性向けのコンテンツで、

「非凡な能力を持つこと」

「それにより、権力や異性を獲得していくこと」

にこだわる物語が多いのは、先ほど述べたように、男性が「**メリトクラシー（実力主義）**」の世界に生きているためです。

「メリトクラシー」とは、読んで字のごとく「実力で物事を判断される世界」のことです。

男性がメリトクラシーの世界に生きていることがわかる代表例が、結婚でしょう。

左のグラフからもわかるように、男性の有配偶率はおおむね年収と比例しています。

婚活に励む女性の中には、

男性の年収別有配偶率

令和4年版　少子化社会対策白書（内閣府）より

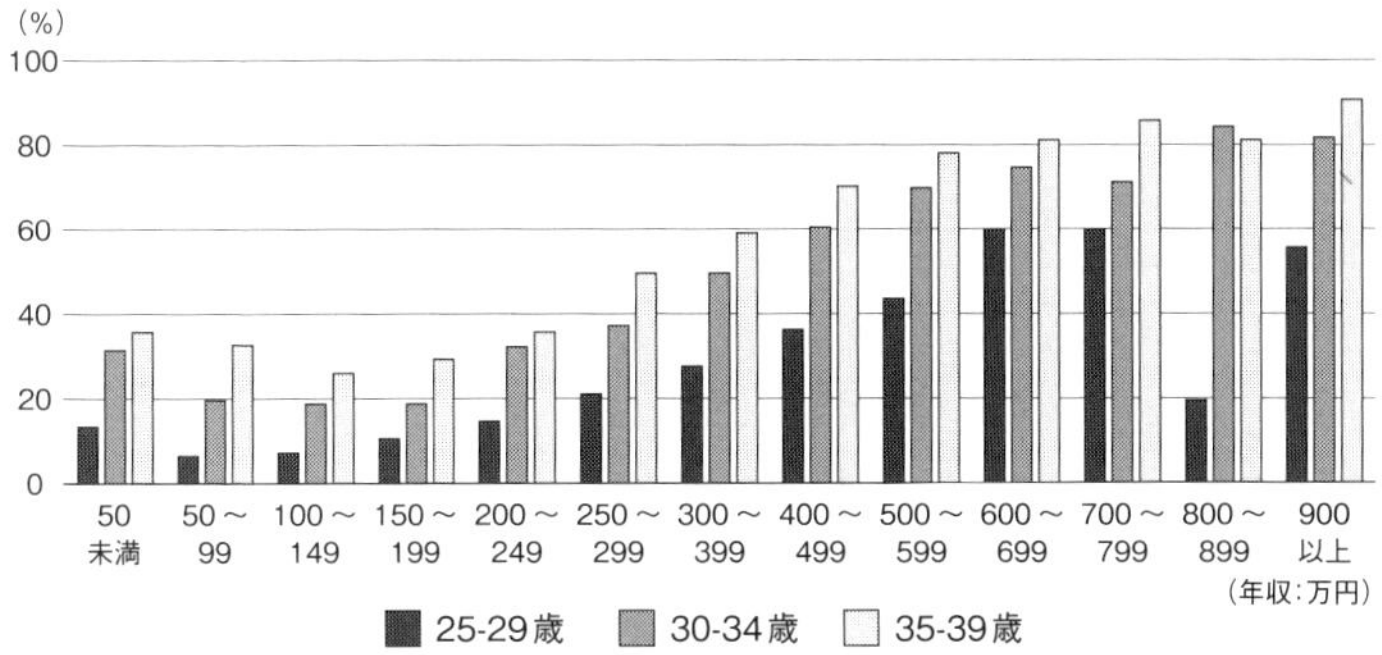

Point：男性は「稼がないと結婚できない」という明確な数値が出ている。

「年収は600万円あればいいし、年齢は35歳までだったら妥協する！」

などと考える方もいるようですが、年収が600～699万円の男性の有配偶率は30～34歳で74・8％、35～39歳で見たら、なんと81・3％です。

なぜ、これほど既婚率が高くなるかは、男性の平均収入を見ればわかります。

国税庁の令和3年分民間給与実態統計調査によると、25～29歳の男性の平均給与は404万円、30～34歳の男性は472万円です。

この平均値は、一部の極端なお金持ちの年収も加味されているので、「年収が600万円あればいい」という理想がどれほど高いかはイメージができると思います。

このような数値から見ても、男性は「仕事で成功しないと配偶者を手に入れることができない」という世界に生きていることがわかります。

そのような話を聞くと、次のように思われる方もいるかもしれません。

「男性は純粋に実力で判断されているのだったら、それって公平じゃない？」

しかし、この「実力」というものは、なかなか厄介です。

なぜなら、

「本人が持って生まれた才能や資質、努力だけではなく、家庭環境や親世代の人脈」

も非常に大きく影響しているからです。

昔から「才能」か「努力」かについてはよく議論されますし、いわゆる努力至上主義の人からすれば、結果を出せない人を見ると、

「努力が足りないからだ！　持って生まれた能力差は、努力で補える！」

と思うかもしれません。

しかし、もしそれが事実だとしたら、

「男女の腕力差は、女性の努力不足が原因である」

「被選挙権は平等なのだから、世襲政治家の当選は、彼らの努力のたまものである」

といった理論が成り立ってしまいます。**持って生まれた腕力や親の人脈に相続税をかけることはできない**ので、それがそのままハンデとなってしまうわけです。

もちろん「実力主義」の概念は女性も同様に抱えているのですが、男性は女性に比べてふたつの大きな特徴があるため、この影響を女性以上に強く受けてしまいます。

ひとつめは、男性は「**女性に比べると、他人から守ってあげたいと思われる機会が少ない**」ということ。

たとえば背が低い学生などは、女子生徒だと、

「小っちゃくてかわいい！」

といわれることは漫画の世界でも多いです。

一方、男性で背の低いキャラも「かわいい」といわれることはありますが、「恋愛対象」としての「かわいい」が含まれる女子生徒とは違い、**異性との恋愛関係に発展することは難しい**でしょう。

性格面で見ても、男子生徒に

「**勉強も運動も苦手で、ちょっぴり抜けてるけど、そこが人気の〝おとぼけキャラ〟**」

というポジションが与えられることは、ほぼありません。

ふたつめに「年齢が恋愛に与える影響が小さい」ということが挙げられます。

これは一見良いことに見えるかもしれませんが、裏を返せば「**男性はいくつになっても勝つ人は勝ち続け、負ける人は負け続ける**」ということです。

具体的には、

「キャリアを積み重ねてきた高年収の30歳女性」

「キャリアを持たない派遣社員の23歳女性」

が恋愛の場でひとりの異性を取り合った場合、前者の容姿がかなり優れていたとしても、後者が勝つことは普通にあるでしょう。

一方、これが男女逆ならどうでしょう？

「キャリアを積み重ねてきた高年収の30歳男性」

「キャリアを持たない派遣社員の23歳男性」

である場合、女性の多くは前者を選ぶのではないでしょうか？

男性は**「負け続けること」が続くと、「自分は何も得られない」と自尊心を失ってしまう**状況に陥ることがあります（これを「**学習性無力感**」といいます）。

この「学習性無力感」を抱いてしまった方は「どんなにがんばってもしょうがない」と思っ

てしまうことになるため、大人になってから人生逆転をしようと心機一転する気力も失ってしまい、さらに負け続けてしまう……という悪循環に陥ってしまうことになります。

そのような方の「もしも自分が勝ち組だったら……」という願望もまた「最強」という言葉にこだわる理由になるとも考えられます。

男性は現実では常に「実力主義」の世界に身を置き、「勝たなければ何も得られない」という強迫観念に苛まれています。そうした強迫観念があるからこそ、男性は「強さ」にこだわり、タイトルに「最強」と入った作品に惹かれてしまうのでしょう。

■まとめ
男性が「最強」という言葉を好み、実際に「最強」という言葉が漫画のタイトルなどにも多く存在する理由は、男性がそれだけ「実力主義」の世界に生きているためである。実力のないものは「負け続ける人生」になることが、「最強」という言葉にこだわる理由とも考えられる。

【第1部　第3節】

なぜ「大金得られる系デスゲーム」を開催すると、参加者は男性ばかりなのか？

デスゲームには、大きく分けて「強制参加型」と「任意参加型」の2種類がありますが、後者の場合、参加者は男性に偏りがちです。男性ばかりがデスゲームへの参加を余儀なくされる理由は、背景に「助けてくれる存在」の有無が考えられます。

■「任意参加型」のデスゲームに女性はあまり出てこない

昔から「デスゲーム」ものは、常に人気コンテンツとして扱われていました。

ただ、一口に「デスゲーム」といっても、その性格は分類によって大きく異なります。

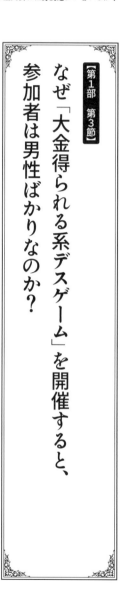

この「デスゲーム」の分類方法として一番明確なものが、**「強制参加型」と「任意参加型」という分け方**でしょう。

「強制参加型」とは、参加者に参加の可否を選ぶ権利がなく、強引に選ばれてしまうものです。

具体的には、

・いわずと知れたデスゲームの代表格。ランダムに配られた武器で生徒たちが最後のひとりになるまで殺し合う『バトル・ロワイヤル』（作：高見広春）

・いわゆる「人狼ゲーム」。ただし処刑や襲撃の対象者は即時に命を落とすため、自分が犠牲になってチームを勝たせるという戦術のメリットがほぼない『人狼ゲーム　ビーストサイド』（原作：川上亮、作画：小独活）

・各々が未来予知を行える日記を持って殺し合う。ストーリーも面白いがとくにヒロインのヤンデレっぷりがあまりにも有名な『未来日記』（作：えすのサカエ）

などが代表的な作品でしょう。

その一方で「任意参加型」は、

「参加の可否は自分で決めることができる」

というもので、

・『賭博黙示録カイジ』（作：福本伸行）の「電流鉄骨渡り（ビルとビルをつなぐ一本の鉄骨を進む。鉄骨には電流が流れており、触ると感電する。当然失敗したら落下する）」
・『アカギ』（作：福本伸行）の「鷲巣麻雀《わしずまーじゃん》（特殊な牌を用いて行う麻雀。勝ち負けの支払いは金銭又は血液により行う。当然失血死したら敗北となる）」
・『嘘喰い』（作：迫稔雄）の「ハングマン（いわゆる「ババ抜き」のようなルールのカード勝負。負けた側は文字通り吊り上げられる）」

などが挙げられます。

このようなゲームの場合、基本的には、

「勝った方は金銭を獲得（あるいは借金の返済）ができるが、負けた方は死（あるいは社会的な死）を迎える」

というパターンがほとんどです。

しかし、誰でも参加できる「任意参加型」なはずなのに、参加者の男女比はかなり偏ります。

もちろん『賭ケグルイ』（原作：河本ほむら、作画：尚村透）のヒロインのように、女性参加者が登場する作品もあります。しかし、この作品のヒロインは「ギャンブルそのもの」を目的にしている節があり、「金銭を得ること」を第一義にはしていません。

すなわち、任意参加型の中でも

「**大金を得るためだけに、素人が参加する**」

というパターンのデスゲームになると、**圧倒的に男性の参加者が多くなる**のです。

その背景には「**注意バイアス**」と、男性に対して「**自力による解決」を求める社会の風潮があると考えられます。

■「困っている男性に意識を向けない」という風潮

なぜ「参加したい人だけが参加できる、大金を得られる系のデスゲーム」の参加者に男性が多いのかを知るために、彼らがゲームに参加する動機について見ていきましょう。

そうすると分かるのは、

「大金が欲しいから」

というのはどちらかといえば少数派で、たいていの場合、

「莫大な借金を返したいから」

など「負債の返還」である場合が多いということです。

そうした状態に追い込まれる人に、女性よりも男性が多いのは、

「男性は女性に比べて、人的・あるいは社会的な手助けを受けにくいから」

ということがいえるでしょう。

それは内閣官房孤独・孤立対策担当室による「人々のつながりに関する基礎調査」（35ページ）を見ても明らかです。

このグラフを見ると、男性は**30代を境に手助けを「受けている」人の割合がガクッと落ちており、その後は横ばい**になっています。

女性について見ると、こちらは**年齢とともに手助けを「受けている」人の割合は徐々に低下**していますが、それでも手助けを「受けている」人の数値は男性を下回ることはありません。**一番低い70代女性でも30代男性よりも手助けを受けている**という点からも、男性は女性に比べて「手助けを受ける機会が少ない」と解釈することができるでしょう。

そのため、

「**男性は何かあったとしても、自力で解決しないといけない**」

悩み不安に対する
家族・友人等からの手助け状況

「人々のつながりに関する基礎調査」(内閣官房ホームページ) より

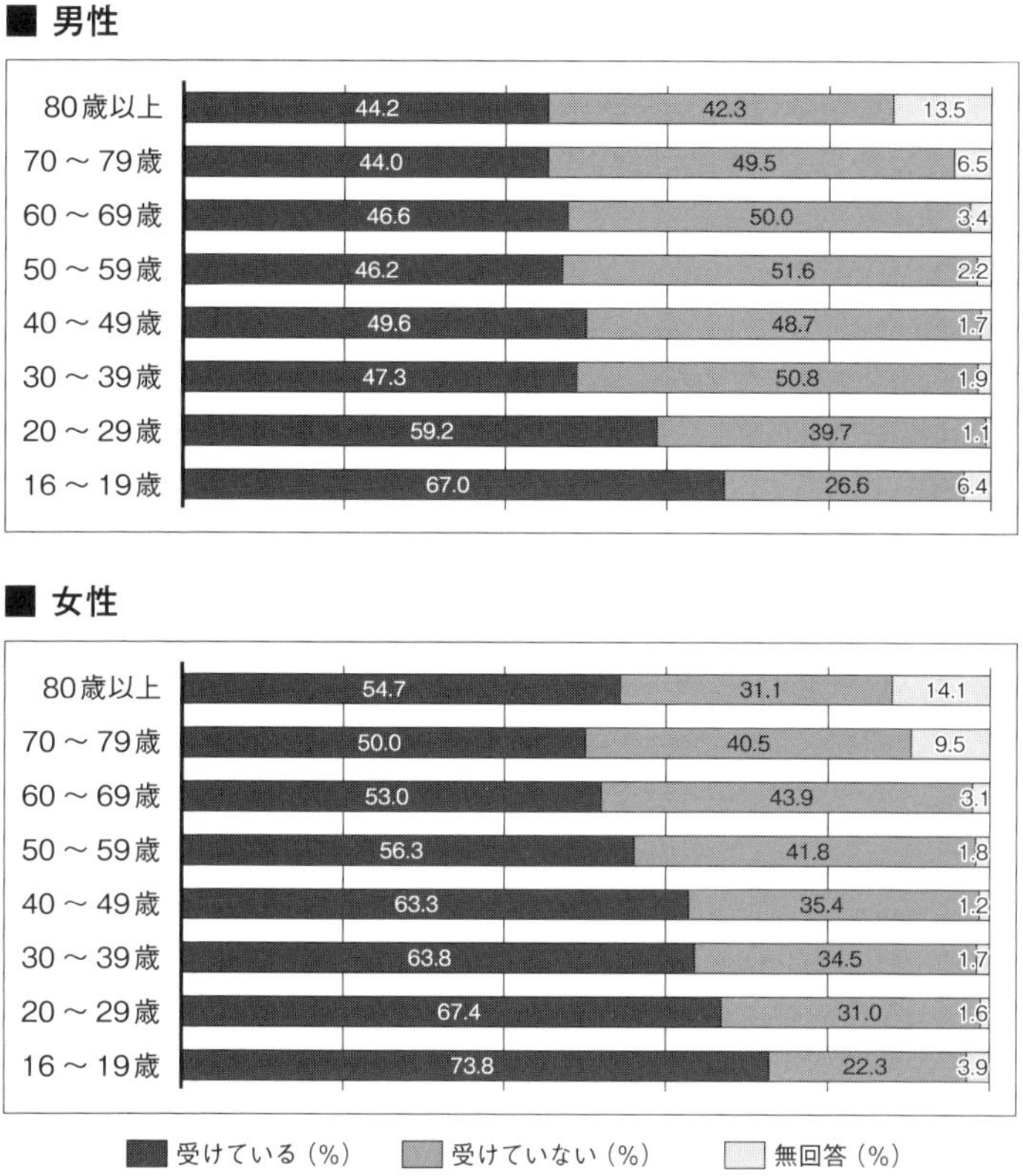

Point：男性は30代になると一気に下がる。女性は年齢とともにゆっくり下がっていく。ただし全体的に女性の方が支援を受けている人は多い。

という状況に陥りやすいということができます。

これは、借金以外でも同様です。

たとえば漫画などにおける「いじめ描写」を見てもわかりますが、**男性キャラはいじめに起因する問題（居場所を失うことなども含む）が発生したとき、自力で問題を解決、あるいは克服する場合が多い**です。

逆に「誰かに助けを求め、手を貸してもらって克服できた」というパターンは、あまりありませんし、あっても「助ける側」に利害関係があるものが多いです（たとえば「ドラえもん」が未来から派遣された理由も、本来は「のび太くんのため」でなく「子孫のため」です）。

このようなことから男性は借金などの問題も「**自力で解決しないといけない**」と考える傾向が強い、という心理が働くことが、男性をデスゲームに駆り立てていると考えることができるのです。

このように書くと、

「**男性だって助けてもらえばいいじゃないか！**」

「**男性が生きづらいのは声をあげないからじゃないか？**」

と原因を男性のせいにするような言説が多いですが、はたしてそれは本当でしょうか？

実際にネットなどで見ても、いわゆる「男性支援」を行うような団体はいくつもありますし、講演会を探すことも難しくないでしょう。

しかし、実際に男性の生きづらさを掲げているものがあっても、メディアがそれを取り上げることはありません（メディアの視聴者層から外れているからということもあるのでしょう）。

また、私たちも、

「いわゆる〝男性支援〟を行っている団体名を1つでもいえるのか？」

「最近、その手のシンポジウムや講演会に一度でも参加したのか？」

と訊ねられても、ほとんどの人はノーというでしょう（もっとも、これは女性の支援団体についても同じことがいえますが）。

人間には、自分が普段から関心を持つものにばかり目が向きやすい傾向があります（これを**「注意バイアス」**といいます）。

そのため「当事者が声をあげないから」ではなく、**「〝私たち〟が当事者の声に耳を傾けようとしないから」**という理由でつらい思いをしている人は、男性に限らずたくさんいると言えます。

私たち人間は、

「自分とは関係のない属性の人々」あるいは、「自分にとって、支援するメリットのない人々」に対しては、驚くほど冷淡になるものです。

また、自分の身内ばかりをひいきしてしまう傾向もあります（これを「**内集団ひいき**」といいます）。

そうした私たちの心理が、追い詰められた男性たちをデスゲームへと追いやっているのかもしれません。

■まとめ
任意参加型のデスゲームに男性ばかりが参加する理由は、男性はサポートを受けられる環境が少なく、また私たち自身が男性のつらさに関心を持たないからでもある。そのことから男性は「一発逆転」を目指さざるを得ない状態になりやすくなっているといえる。

【第1部 第4節】

なぜ女性向けの「ジェンダー逆転もの」は、「既婚男性」が主人公になるのか？

「ジェンダー逆転もの」は男性向け作品と女性向け作品で、その内容はまったく異なります。女性向けの「ジェンダー逆転もの」は基本的に家庭が軸にあり、既婚男性ばかり登場します。その理由を今回は解説いたします。

■「男女逆転もの」は、女性向けは「勝ち組」、男性向けは「学生」が多く描かれる

「**男性と女性の立場が入れ替わったらどうなるのか**」

このことについて、誰しも一度は考えたことがあるかもしれません。

そうした疑問や妄想に応えたのが、近年人気の男性と女性のジェンダーが入れ替わった「男女逆転もの」ということができるでしょう。

しかし、この手の作品は、男性向けに書かれたコンテンツと女性向けに書かれたコンテンツでは、明らかにその男女の描かれ方が異なります。

まずは、それを理解するために、**男性向けと女性向けの両方の要素を足した「男女が逆転した世界」**に行った男女のワンシーンを見てみましょう。

「はあ……」

「どうしたの、疲れた顔して？」

「あたし、男女逆転の世界に行ったら、仕事でも出世できるし、家事や育児も夫に任せられるから、楽だと思っていたのね」

「なるほどね。それで？」

「**けど、まず結婚どころか男性と知り合うことができないのよ！** マッチングアプリ使っても婚活パーティ行っても、全然返信こないし！ 参加費も利用料も高すぎて、もう限界よ！」

「まあ、女は男性より会費高いからね」

「それに、**たまに出会えても、やれ『服に清潔感がない』『話がつまらない』『エスコートが下**

手』だの注文ばっかり！　挙句に『**年収が俺より低い人はちょっと……**』とか、ぶん殴ろうかと思ったわよ！」

「まあ、婚活って大変だもんね。もうあきらめて女友達と遊んだほうが楽しくない？」

「そう思ったけど**この世界にきた途端、友達が連絡くれなくなったのよ。**相談しても『**ま、がんばりな**』**とか**『**お前が悪いんでしょ？　こうしたら？**』**で終わるくらい、私に無関心**だし！　つーか、友達相手に『お前』呼びは失礼でしょ？　だから、婚活始めたってのもあるのよ。男はいいわよね、注文付ける側だから！」

「そんなことないよ。たしかに結婚は簡単だったよ。友達が紹介してくれた子に告白されて、そのまま付き合って結婚するまではね」

「ならいいじゃない」

「けど、そうしたら家事は全部僕がやることになるし、その分、仕事はセーブしないといけないし……。**あれだけ仕事がんばったのに、君に出世で抜かれた時は泣きそうだったよ……**」

「ま、たしかに気持ちは分かるけどさ。奥さんに育児やってもらえばいいんじゃないの？」

「……**妻は全然育児やってくれない**んだよ！　しかも、がんばって作ったご飯を『**手抜きだね。もうちょっとがんばれない？**』とかいわれた時には、もう……！」

「ああ、そりゃつらいわね。……あら、電話よ？　男友達？」

「ん? そうみたいだね。もしもし? なに、また別れたの? で、なに? うん、それで?

……ああ、もう、分かったよ! **話聞いてあげるから泣かないでよ!** 後でまた電話して!」

「電話は終わり? ……なんか、大変そうね」

「いつものことだよ……。なんで女に振られるたびに電話かけて愚痴ってくるのかな……」

「あんた、**この世界にきてから、友人付き合いがすごく面倒そうね**?」

「まあね。……おっと、もう娘のご飯作らないといけないから、またね?」

「まだこんな時間なのに? あんたも大変ね」


……といった具合になるでしょう。

さて、それでは「男女逆転もの」の解説に移ります。

女性向けの「男女逆転もの」の設定で多いのは、先の小話に出てきた男性のように、

「男性が家事を中心に担当し、女性が仕事をやるようになったら……」

「女性がキャリアを育む一方、男性は仕事をする機会を奪われたら……」

あるいは、

「妊娠・出産を男性が担うようになったら……」

という物語でしょう。

このような物語の場合、ほとんどは、

「**男性が女性特有の悩みを抱えて苦悩する物語（もっというと、男性が割を食う物語）**」

である場合が多いです。

特に男女逆転ものでは欠かせない『大奥』（作：よしながふみ）でも、

「性別が理由で理不尽に調理場を解雇された男性」

が出てきます。

また、この漫画は「江戸時代初期に偏っていた男女比が後期には改善する」という流れなのですが、改善するなり「男尊女卑」が強調して語られるようになっていきました。

このような作品ばかり読んでいると、

「女性は男性に比べてつらいことばかりで、男性は楽している」

と感じてしまうかもしれません。

しかし、よくよく「男女逆転もの」を読んでみると、重要なあることがすっぽりと抜け落ちていることに気が付きます。この手の作品は、たいてい「結婚した状態」「社会的地位を築き上げた状態」から物語が始まっており、

「**今の女性と付き合って、結婚するまでの過程**」

「**現在の地位に至るまでの苦労**」

といった点が**あいまいに描かれている**、あるいは**丸ごと飛ばされている**ということです。

また、男性が妊娠する物語の場合、

「**夫は必ず〝妻の子〟を妊娠している**」

という点は疑問すら持たれません（これが男性にとって「当たり前」でない、つまりお腹の子が自分の子じゃない話は、アメリカンジョークでは鉄板ネタです）。

くわえて、なぜか「男女逆転もの」に登場する女性は、

「都市部の、大企業の仕事に就く正社員で、職種は基幹業務である」

という設定が当たり前のように共通しており、

「社会的孤独に苦しむ独居老人」

「建築現場でパワハラに苦しみながら重機を動かす中年女性」

などは登場すらしません。

そのため、冒頭の小話に出てくる女性のように、

「そもそも結婚や就職のステージに立てない女性」

が出てくることはまずないのです。

逆に男性向けに描かれた「男女逆転もの」では、大きくテーマが変わります。

特に男女の違いが顕著にみられるのが、**『貞操逆転世界』**（原作：天原、作画：万太郎）という漫画でしょう。この漫画は「学園」が舞台になっており、男子学生が「この世界」にくることになったとしたら１００人中１２０人は妄想するであろう、**「女子学生からお金を〝もらって〟肉体関係を持つ」**という行動が明確に描写されており、「こちらの世界の男性」にとって非常に都合の良い世界になっています。ちなみにこの作品に登場する男性キャラは、**「女性キャラと恋愛をしていない」**という特徴があります。そうしたところにも男女の価値観の違いが出ています。

その他の例として『ハレグゥ』（作：金田一蓮十郎）という漫画でも男女を逆転させるシーンがありましたが、

「『ある女子キャラに告白されたがる、情けない男子学生』が女性化することで、**『気になる男性に振り向いてもらいたくて仕方ない、奥手な可愛い女子高生』**に代わる」

というシーンがありました。

その一方で、冒頭の小話に出てくる男性のように、

「結婚後の生活で苦労する男性」

が出てくることはほとんどありません。

このように、一口に「男女逆転もの」といっても、男性読者が多い漫画と女性読者が多い漫

画では、明らかに男性の扱いが変わります。その原因として考えられる、**男女が着目する恋愛の段階の違いを「ＳＶＲ理論」をもとに解説**します。

■男女の「一番大変な時期」をそれぞれの読者層は読みたがらない

恋愛の段階は「ＳＶＲ理論」で説明することができます。

最初は「Ｓ」すなわち刺激（Stimulus）を受ける段階であり、いってしまえば相手の容姿や話してみた印象などの表面的な部分を重視する段階です。

そして次の段階は「Ｖ」すなわち価値（Value）です。相手と同じような価値観を持っているのかについて、確認し合う段階といえるでしょう。

そして最後は「Ｒ」。これは役割（Role）になります。つまり、お互いがお互いに、与えられた役割をまっとうできるのか、を指しています。

一般的に女性は、男性に比べて「結婚後の苦労（特に出産・育児・キャリア問題）」が強くのしかかる傾向にあります。家事は男性に比べてどうしても負担がかかりやすく、育児についても本人だけでなく両親や周囲も母親に期待を寄せがちです。

そして何より、

「育児と仕事の両立が非常に困難」

という問題があります。

そのことが、女性向けの「男女逆転もの」を書くと、

「男性が女性の立場になって、苦労する物語」

がテーマになりやすいのでしょう。

また、女性をターゲットにした「男女逆転もの」をみると、

「男性側のキャリア観や職業観」

については、ほとんどの場合、元の世界と変わっていません。登場するキャラクターも先ほどにも上げたような、

「男性の中でも、どちらかというと〝勝ち組〟側」

のパターンが中心で、そのような男性と交際するに至った過程や、社会的な評価を得る過程は描かれない傾向にあります。

一方、男性向けの「男女逆転もの」は、テーマが異なります。

端的にいうと、

「異性と交際するまでの過程（ただし、かんたんに異性のパートナーを得られる）」

「主人公が社会的な評価を得る過程（他者から一人の人間として評価される）」が中心に描かれていますが、逆に「交際するようになった後の話」「結婚後の生活」がフォーカスされることはあまりありません。

つまり、男性向け、女性向けの「男女逆転もの」には「交際するまでの過程」の扱いに明確な違いがあるわけですが、それについて興味深い調査があります。

平成22年に行われた内閣府の調査なのですが、「現在の配偶者・恋人と交際を開始するにあたって、どちらが積極的であったか」という質問について、**男女ともに「男性の方が積極的だった」と回答した人が多かった**のです。

このことはつまり、男性から積極的に女性にアプローチをしないと、恋愛に発展しないということを示しています。内気で引っ込み思案な男性だと、「家事育児の分担以前に、交際すること自体が厳しい」といえるでしょう。

また、最近の調査によると、派遣社員の男性は有配偶率が低いことがわかっていますが、「ジェンダー逆転もの」に非正規雇用の女性（つまり元の世界の男性にあたる人）が登場することはまずありません。

そうした点からも、男性向けの「男女逆転もの」は「S（刺激）」の段階、すなわち「**異性**

現在の配偶者・恋人と交際を開始するにあたってどちらが積極的であったか？

「平成22年度　結婚・家族形成に関する調査」（内閣府）より

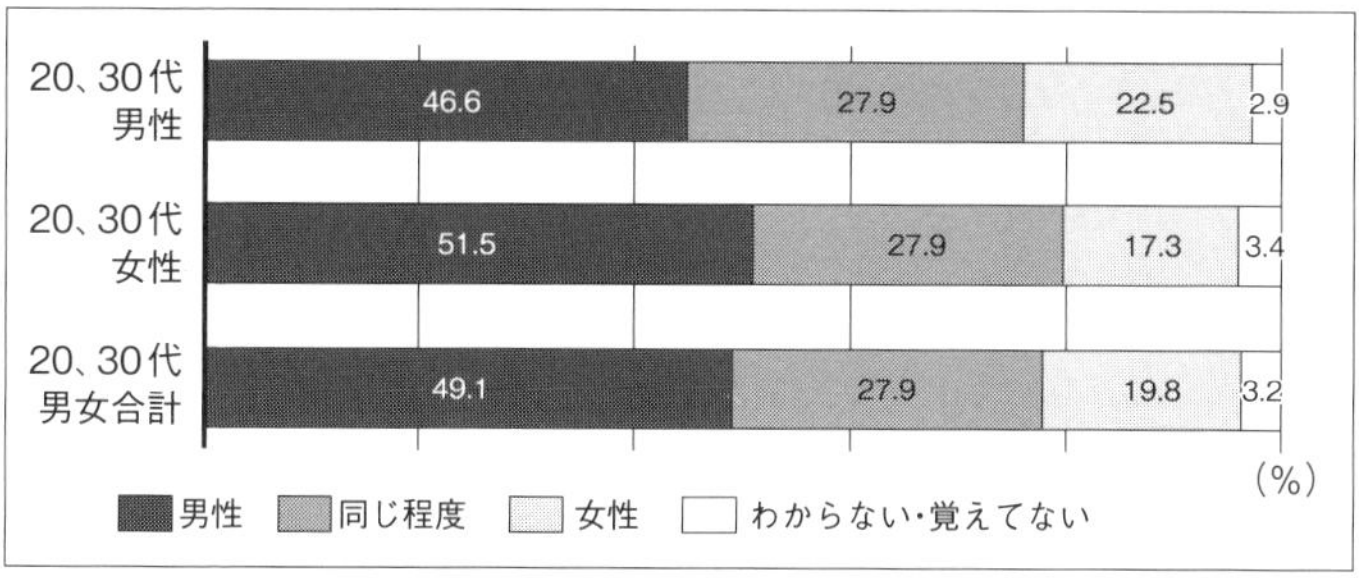

Point：男性も女性も「男性が積極的だった」と答える割合が高いことが分かる。

男性の雇用形態別有配偶者率

「令和４年版　少子化社会対策白書」（内閣府）より

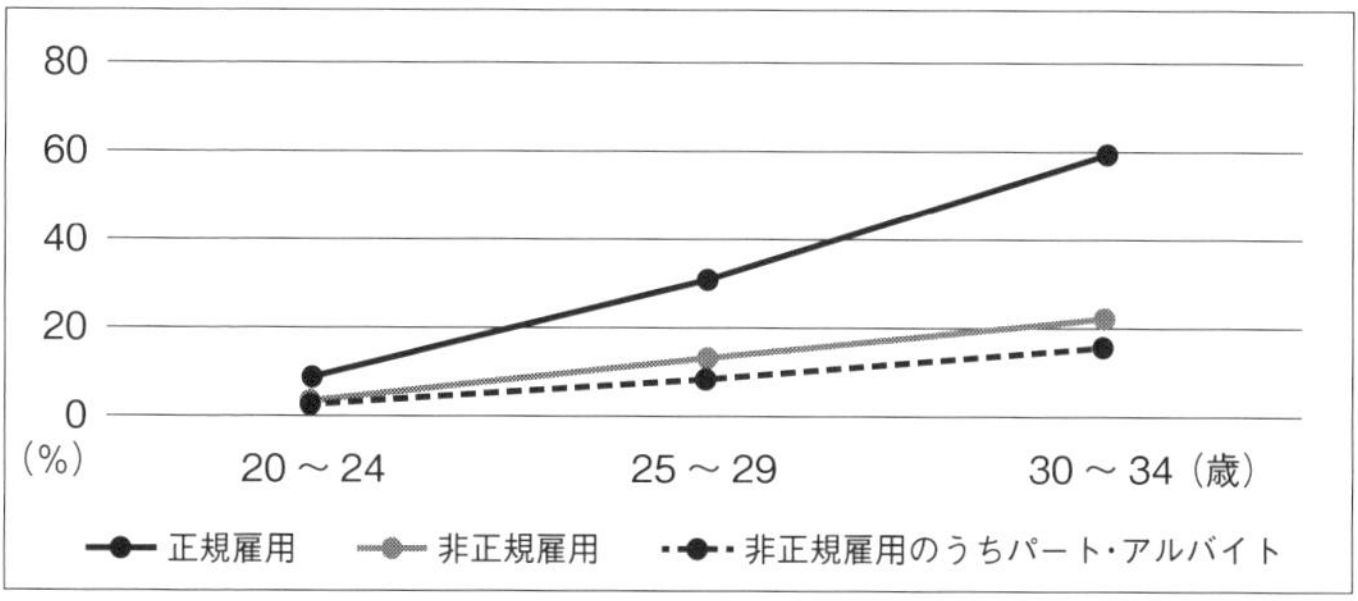

Point：「ジェンダー逆転もの」に「非正規雇用の女性」が登場した場合、結婚できるのは25~29歳で12.5%に過ぎない計算になる。

のパートナーを〝獲得するまでの苦労〟」に目が向けられているのに対して、女性向けの作品は「R（役割）」、すなわち「**獲得してからの苦労**」が強調されている、と考えることができます。

基本的に漫画というのは、「読者となる層の願望が投影されたもの」です。

そのため、どうしても一方の意見を重く取り入れがちなもの。

男性と女性には、それぞれ違った苦労があることを理解して、

「**〝女は人生イージーモード〟と主張する男性は、そもそも〝獲得すること〟に苦労している人なのだろう**」

「**〝男は楽でずるい〟という女性は、〝獲得してからの苦労〟を人一倍してきたのだろう**」

などと相手の立場に立つことができれば、互いに思いやりのある接し方ができるでしょう。

■まとめ

女性は「自分が役割を負わされること」の苦労が強く、男性は「他者から関心を持ってもらえるまでの苦労」をする傾向が強い。そのため、男性向けと女性向けの男女逆転ものは、その苦労を「相手にしてもらう」また「自分がしなくて済む」物語になりがちである。

【第1部 第5節】

なぜ「殺し屋」の男女比は割と整っているのに「殺される役」は男性に偏っているのか？

サブカルチャーの世界では、「殺し屋」に殺害されるのは男性が中心で、女性はあまり多くありません。さらにいってしまえば、セリフなしに殺される「モブのボディガード」などに女性はほぼいません。なぜ「犠牲者はいつも男性」という通念があるのか、今回は考察いたします。

■男性は「殺す側」「殺される側」どちらも多いが、女性は基本「殺す側」である

もし、漫画の世界で「殺し屋に殺された人たちの会」のようなパーティが開催されたら、こうなるでしょう。

「すみません、『殺し屋に殺された人たちの会』の会場はここですか？」

「はい。……**おや、珍しいですね。女性の参加者ですか**。あなたが殺された理由は？」

「国の重要機密を他国に売ったことがバレて、ターゲットにされちゃったんですよ……。パートナーが犠牲になって逃がしてくれたのですが、先回りされていて結局、頭を撃ち抜かれちゃったんですよね……」

「なるほど、私たちの業界では、よく聞くお話ですね。きっと今日の会場はスパイの博覧会ですよ。パートナーさんにも会えるとよいですね」

「ええ、それが楽しみだったんです。あなたはどのような理由で殺されたのですか？」

「私？　……ハハハ、**お恥ずかしい話ですが、巻き込まれました**。妹の医療費を稼ぐため、麻薬工場で働いていたのですが、職員を逃がす間に逃げ遅れ、爆殺されてしまったんですよ……」

「そうだったのですか……」

「それでは会場はこちらです。……おっと、その招待状を持つあなたは、このバッジをどうぞ」

「あ、ありがとうございます。……バッジが付いていない方はなんですか？　**男性は付けていない人が多い**みたいですが……」

「ああ、**『ターゲット』として殺されたわけじゃない人はバッジを持ってない**んですよ。……おや、またお客さんですね。こんにちは」

「おう。……おや、バッジ持ちの新入りかい？　よろしくな」

「こちらこそ、はじめまして。初参加させていただきました、コードネーム『ブルドーザー・ホーク』です」

「へえ。コードネームがあるなんて、羨ましいぜ。**俺なんて名前すらないからなあ……**」

「皆さんはどのような理由でこちらにいらしたのですか？」

「俺？　俺はボディガードだよ。依頼主を守るために立ちはだかって殺されたんだ」

「私は政治犯です。新時代にそぐわない政策を支持していたので、命を奪われました」

「…………」

「あれ、あなたはなんで何も言わないんですか？」

「それは……私の死因が、私自身にもわからないからです。**物語の冒頭で殺されたのですが、なんで殺されたのか、作中で明言されてない**んですよ……」

殺し屋。

世間で最も忌むべき職業ですが、フィクションの世界では「人気職業」のひとつです。

殺し屋というだけで色々なキャラが思い浮かぶと思いますが、代表的なところとしては、

・殺し屋といえば真っ先に思い浮かぶであろう狙撃手、『ゴルゴ13』（作：さいとうたかを）の「デューク東郷（仮名。本名は筆者も知りません）」
・「いじめ被害者」だった過去がストーリーに大きな影響を与える、接近戦ではものすごく強い、『殺し屋1』（作：山本英夫）の「城石一《しろいしはじめ》」
・いわゆる「女性殺し屋」で接近戦での戦いを中心に行う、『SPY×FAMILY』（作：遠藤達哉）の「ヨル・フォージャー」
・一時期ネットで大変ネタにされたため、一昔前のオタクだったら知っている『覇王・愛人』（作：新條まゆ）の「世界一腕の立つ殺し屋」

などが有名なところでしょうか。

これらの漫画を並べることで分かると思いますが、基本的に「殺し屋」は男女を問わず様々なキャラクターが登場します（女性殺し屋は年を取ると命を落とすのか、基本的に出てくるのは若い美女ばかりですが……）。

しかし、**殺し屋に「殺される役」については、不思議と男性に集中**しています。

そもそも男性の方が「ターゲット」になりやすいということはあるのですが、それ以上に印象的なのは、

「ターゲットの近くで巻き込まれるように死んでいく役」

も男性ばかりということです。

もちろん殺される女性キャラクターもたくさんいますが、

「1回は見せ場があって命を落とす」

場合が多く、女性が「**名前とセリフもないまま、冒頭で頭をぶち抜かれるキャラクター**」になることはほとんどありません。

はっきりいってしまうと、基本的に漫画では、

「男性の命は軽く扱われる」

傾向が強くあります。

例を挙げれば『チェンソーマン』（作：藤本タツキ）で主人公は、

「乗っていたのが男性だったから」

という理由で、投げつけられた車を投げ返すシーンがありました（最終的に運転手の男性は助かりましたが……）。

なぜ、これほどまでに男女で扱いが変わるのでしょうか。ここには、私たちが**男性には「自**

己確証動機」しか持たないのに対し、女性には「内発的動機」も働いている、という心理が表れているとも考えられます。

■足元に転がっているのが全員女性なら、読者は殺し屋を嫌いになってしまう

なぜ、殺し屋に殺されるのは男性ばかりなのか。

まず大前提として、

「基本的に、要職に就く人やＳＰとして護衛にあたる人」

は男性が多い、ということがありますし、統計的な事実として、

「犯罪者を男女比で見ると、男性の方が多い傾向にある」

ということもあります。

しかし、それを差し引いても「モブで殺されるキャラクター」などを含めて、殺される役は男性に極端に偏っています。

そうした偏りが起こる背景は、

「漫画を読んでいる読者そのものが、男性の死に対しては、女性の死に対するほど罪悪感や怒りが湧いてこない」

という心理があるからと考えられます。

たとえば、男性（時には男児も含まれる）が窮地に陥っているシーンがあったとします。主人公はその男性を助けようとするわけですが、漫画などでは職務遂行や人道的見地から、「この子、この人を**〝助けなきゃ！〟**」というかたちでモチベーションを保っているケースが多く見られます。

一方で「女性（特に女児）が苦しい状況にいた」場合、キャラクターたちは、「この子・この人を**〝助けたい！〟**」といったかたちで強いモチベーションを発揮するケースが多いです。

このふたつは似ているようでいて、微妙に異なります。

前者の行動は、**義務感や「自分はヒーローである」という概念を安定させたいという動機付け**に基づいています（これを「**自己確証動機**」といいます）。

一方、後者は**「助けること」そのものを目的**としています（このような動機付けを「**内発的動機**」といいます）。これに加えて前述の「自己確証動機」も含まれるため、より強い動機付けを抱えていると考えられます。

このふたつを比較していってしまえば、

「人間は、男の子よりも女の子を〝守ってあげたい〟という意識を強く持つ」といえるのです。

実際の漫画作品でも『僕のヒーローアカデミア』（作：堀越耕平）では可愛い女の子を助けに行く話があり、一方『ワンパンマン（原作：ONE、作画：村田雄介）』ではお金持ちの男の子を助ける話がそれぞれ出てきます。

どちらもヒーローたちは命がけで子どもを助けていましたが、前者では主人公は救出対象の少女にかなり思い入れを持ったうえで助けているのに対し、後者ではヒーロー側はそのような感情は持ち合わせておらず、あくまで「救出対象」としての関係性でした。

ストーリーの流れやキャラの性格や容姿の違いこそあるものの、人質の性別によってキャラのモチベーションが変わるということが分かりやすい一例といえるでしょう。

このように、

「私たちは男の子よりも、女の子への関心や思い入れが強い」

と考えられることから、女の子が傷つくような場面に対して悲しんだり、加害者に対して嫌悪感を抱いたりすることになると考えられます。

実際問題として、

「もしも、殺し屋の足元に転がっているキャラクターの男女が逆だったら、今までのようにその殺し屋を好きでいられるのか？」

といわれると、やはり難しいことでしょう。

このような意識の違いがあることが「殺し屋の足元に転がるのが男性ばかりになる」という現象に表れている、と考えることができます。

■まとめ
いわゆる「殺し屋」に殺される側を見てみると男性ばかりになってしまうのは、単に男性の職域や犯罪率だけでなく、男性を「助けたい」と思う気持ちが読者に乏しいため「殺されてもいい命」として扱われていることも原因に挙げられる。

【第1部　第6節】

なぜ「主夫」キャラの家事レベルは「主婦」の平均よりかなり高いのか？

最近のサブカルチャー界隈では、専業主夫の男性も少しずつ顔を出すようになってきました。彼らの家事レベルは非常に高く、生活系漫画に登場する専業主婦をはるかに上回っています。その背景には、男性が女性から求められる〝水準の高さ〟がうかがえます。

■「主夫」でぐうたらな人はまずいない。そいつは「主夫」と呼ばれない。

「ああ、仕事に遅刻しちゃう！　なんでもっと早く起こしてくれないのよ、あなた！」

「え？　ごめんごめん。**昨日動画見ていたら、どうしても遅くなっちゃってさ……**」

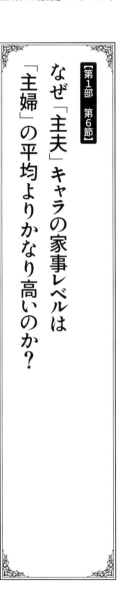

「まったくもう！　朝食はこれ……って、ふりかけご飯だけ？　味噌汁もなし？」

「あはは、実は買い物も忘れちゃってさ……。ま、**文句あるなら自分で作ってよ**」

「ちょっと待ってよ！　俺のお昼はどうすんのさ、父さん？」

「はい、５００円。これでパンでも食べて？」

「え？　……まあいいか。行ってくるね」

「あとさあ、家のトイレ汚すぎ！　**どうせ一日暇なんだろうし、掃除くらいしてよ！**」

「**そんなに汚いかなあ……**。まあいいや、やっておくね。**あ、お皿下げといて**」

「ええ。それじゃ、行ってくるわ」

「いってらっしゃい。……よし、妻も出かけたし、二度寝しよ……。あと、昨日の動画の続きでも見るかな……。夕飯はレトルトカレーがあるから、サラダだけ夜に作っておこうっと」

そうして動画を見ているうちに、掃除をする予定を忘れてしまう父であった……。


このような、いわゆる「ぐうたらな主夫」をフィクションの世界で見たことがありますか？

おそらくこのようなキャラが「主夫」と呼ばれることはないでしょう。


さて、昔の漫画の「母親」はほとんどの場合、専業主婦でした。

最近では働く母親や職業が明言されていない母親も増えてきていますが、やはり物語の都合もあるのでしょう、父親よりも家にいる時間が長いのは母親の方です。

しかし、その一方で、昭和〜平成初期にはほとんどいなかった「専業主夫」というポジションの男性キャラも最近は少しずつ登場するようになっています。

具体的には、

・『極主夫道』（作：おおのこうすけ）の「不死身の龍」
・『魔法少女まどか☆マギカ』（監督：新房昭之）の「鹿目知久《かなめともひさ》」

などが挙げられます（ドラマなども含めるともっと多い）。

そうした専業主夫キャラに共通していることが、ひとつあります。

それは

「家事レベルが、玄人裸足である」

ということです。

料理に洗濯、掃除とすべてをそつなく完璧にこなすので、正直、家政婦の方々よりも家事レベルが高いんじゃないか、というくらいです。

一方で「専業主婦」について見ると、もちろん家事が得意な方も多いですが、あまり家事能力に言及されることはありませんし、必ずしも「家事にフルコミットする人」ばかりとは限りません。

特に有名なのは、『あたしンち』（作：けらけいこ）のお母さんでしょう。

性格面においてはいい面も悪い面もありますが、どうにも弁解のしようがないのは、その頭を抱えるレベルの食卓事情です。

なんと、おかずがちくわだけだったり、もっとすごい時には**夕食がトーストだけ**なんてこともありました。お弁当もかなりの酷さで、「おかずはミックスベジタブルだけ」という、目を疑うような代物を提供したりもしています。

これを「主夫」が漫画の中でやることはまずないでしょう。

なぜ、漫画の中の「主夫」は家事が完璧なのか。その描写からは「**男性が女性のように生きる難しさ**」が見えてきます。

■女性がズボンをはいて生きることは可能だが、男性がスカートをはいて生きるのは困難

LGBTQに関する議論が深まりつつある昨今、社会では様々な多様性が求められるように

なりました。

しかし、**「女性が男性のように生きる」ことについては認められていますが、「男性が女性のように生きる」という多様性についてはなかなか認められません。**

その代表例が「スカート」でしょう。

もしあなたが女性で、

「明日は会社にズボンをはいていこう」

と気まぐれで考えて、翌日そのように実行しても特に問題は起こらないでしょう。

しかし男性が、

「明日は会社にスカートをはいていこう」

と気まぐれで行くことは、本書の執筆時点ではまずありません。

とくに「性的少数者であることを伝えている」などの「正当な理由」なくスカートをはいて出社した場合は、上司から「自分を試しているのか？」と思われてしまう可能性があります。

「男性が、女性のように生きることができない」という、いわゆる「スカート問題」は現代でも根強く存在します。

これは「専業主夫」についても同様です。

フィクションの世界において「専業主夫」の口から、

「**今日は面倒だから掃除はパスしてテレビでも見てようっと**」

「**夕食作る時間がなかったから、レトルトカレーでいいよね**」

「**君が働いてるのはわかるけどさ、ちょっとは家のことやってよ！**」

「**俺は君の召使じゃないんだよ！**」

といった言葉が出てくることはまずありませんが、似たようなセリフをドラマに出てくる専業主婦が言ったとしても、特に違和感はないでしょう。

恋愛や結婚の場でも女性側が、

「専業主夫はごめんだし、私も働くから、共働きで家事もやってほしい」

「家事育児がばっちりできて、私を自由に働かせてくれるなら、主夫になってもよい」

と発言をすることは、基本的に問題なく受け入れられがちです。

一方で男性側が、

「家事育児を完璧にやって、俺を自由に働かせてくれるなら、専業主婦になってくれてもよい」

と言ったら「女性は男性のお手伝いさんじゃない！」と、たちまち炎上することでしょう。

また逆に、

「自分の分は自分でしっかり稼いでほしい。専業主婦はごめんだ」

といっても「稼ぎを当てにするなんて！」と炎上しますので、男性は、

「主婦になりたいのであれば、僕は仕事を精いっぱいがんばります。共働きを希望するなら、家事育児も平等に分担します。いずれにせよ、本人の意思を尊重しますし、どんな場合でも妻を第一に考えます」

と本心はともかく、そのように伝えることを半ば強制されています（逆にいえば、この発言を「本音」か「建前」か、判別する苦労が女性には課せられているともいえます）。

もちろんこの背景には、

「結婚したとして、出産は必ず女性の仕事になる」

「日本では男女の賃金格差が大きい」

などの理由があります。

また、あまり知られていないのですが、女性の正社員の人数はここ7年で上昇してはいるものの、**平成元年と平成27年ではその数に大差ありません**（左図）。世間でいわれるほど「女性の社会進出」が進んでおらず、主夫を養えるほどの女性が少ない、ということも主夫の男性が少ない理由でもあるでしょう。


とはいえ、一番の理由は「男性の無償労働」の価値の低さでしょう。

女性の社員数の推移

「男女共同参画白書 令和４年版 全体版」（内閣府）より

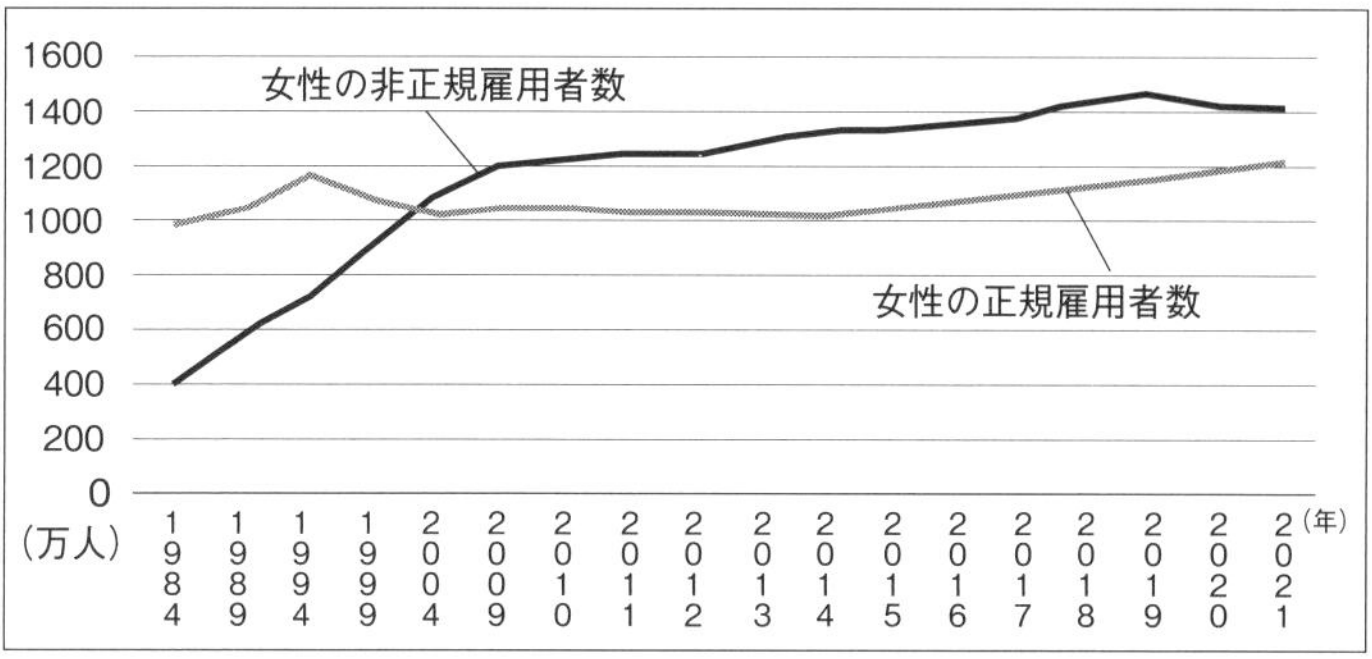

Point：正社員の女性はここ数年でようやく増え始めたが、非正規雇用の増え方には追いついていない。

女性の方は、

「夫と自分の年収が逆だったなら、今の夫と結婚したか？」

と考えることは多いと思います。

しかし逆に、

「夫と自分の性別が逆だったなら、今の夫は交際を望んだか？」

と考えたらどうでしょうか？

具体的には「自身と夫の年収」「結婚後の夫婦の家事時間」が据え置きだとした場合、女性である夫が、男性であるあなたに対して、「もしよかったら、今度ランチに行きませんか？」

と誘ってくることや、

「あなたのことを愛しています！　だから、私と結婚してください！」

とプロポーズしてくることをイメージできるかを考えてみてください。

この質問に「絶対に夫は私と結婚したいはず！」と断言できる方は少ないのではないでしょうか。

このようなことから、

「**男性の無償労働は、女性よりもかなり割り引いた評価となる（厳密には、妊娠・出産の評価を埋めるだけの技量が必要になる）**」

という心理があることが、主夫キャラの家事レベルの高さにつながっていると考えられます。

■まとめ
フィクションにおける「ぐうたら主夫」が少ないのは、女性の社会進出はマスコミが煽るほど進んでおらず男性を養える女性が少ないことにくわえて、経済力のある女性は男性への家事・育児の要求水準が高いことにあるといえる。

【第1部 第7節】

なぜ障がい者の女性と健常者の男性の恋愛ものは数多いのに、逆はあまりないのか?

障がい者と健常者の恋愛を描いた作品は数多く存在していますが、スポットが当たる障がい者は若い女性ばかりで、障がい者の男性が健常者の女性と恋愛する物語はほとんどありません。そのことからも、「女性も男性も生きやすい世界」というお題目に限界があることがわかります。

■女性健常者と男性障がい者の学生恋愛はフィクションでは極めてマレ

ハンディキャップを抱えた方との恋愛作品には、名作がたくさん存在します。

具体的には、

・耳の聞こえないヒロインと元いじめっ子の主人公が織り成す物語『聲《こえ》の形』（作：大今良時）
・耳の聞こえないヒロインが恋愛、結婚して子どもを持つが、娘も耳が聞こえなくなっていく『君の手がささやいている』シリーズ（作：軽部潤子）
・弱視のヒロインとヤンキー少年のラブコメを描いた『ヤンキー君と白杖ガール』（作：うおやま）

などが代表例でしょう。

これらはいずれも素晴らしい作品ではあるのですが、これらを見て違和感を覚えたことはありませんか？

そう、

「**どの漫画も、障がい者は女性側であり、男性はすべて健常者である**」

ということです。

これらの漫画を除いても、

「男性の障がい者と女性の健常者の恋愛」

が特に学園ものや、コメディ色のある漫画、総じて「現代を舞台にしたリアル路線の物語」

で出ることはほとんどありません。

ドラマなどにすそ野を広げてみればいくつか見つかりますが、主人公は最初健常者で、障がいを持つ前から好意を持たれているなど、男性にとって高いハードルである「相手に好意と関心を持ってもらう段階」を健常者のうちにクリアしていたり、経済的に自立しており、少なくとも健常者と同等、あるいはそれ以上のスペックを持っていたりする場合が多いです。

そのため、

「これといった『高スペック』な特徴のない男性障がい者（特に学生）が、女性に見初められる物語」

「障がいを持つ成人男性が主夫として養われる物語」

は、ほぼありません。

ただし、恋愛もの以外では「男性の障がい者」は出ることもあります。

いくつか例を挙げると、

・『るろうに剣心』（作：和月伸宏）の「魚沼宇水《うおぬまうすい》（目は見えませんが、非常に強いキャラでした。まあ、相手が強すぎるせいであっさり負けちゃいましたが）」

・『鬼滅の刃』（作：吾峠呼世晴）の「悲鳴嶼行冥《ひめじまぎょうめい》（同じく盲目ですが、非常に大柄で作中でも「柱最強」という評価を受けるほどでした）」
・『あずみ』（作：こやまゆう）の「千代蔵（耳が聞こえませんが、ものすごく強いキャラでした）」
・『王様ランキング』（作：十日草輔）の「ボッジ王子（耳が聞こえず、ある事情により極端に非力な肉体を持つ王子様です。一方で身のこなしが軽やかで、その才能が作中で開花します）」

などでしょう。

ただ、興味深いことにこれらの特徴はすべて、

「バトル漫画における強キャラ」

ということです。

くわえて、それらの男性の「障がい者キャラ」に恋人がいる描写はあまり見られません。

これらのことから、特に男性が抱える**「恋愛において求められる要素が多い」男性のつらさ**が見えてきます。

■「女性が生きやすい社会は、男性も生きやすい」にうさん臭さを覚える理由

なぜ、恋愛もので障がいを持つ男性は出してもらえないのか。

その理由として考えられるのは、女性ははっきり言ってしまうと、**「男性よりもパートナーに求める要素が多い」**からではないでしょうか。

男性は**「若さや容姿の価値」**が女性ほど高く評価されません。

これは実際の調査でも明らかです。

国立社会保障・人口問題研究所の調査における結婚相手の条件に関する質問では、女性は男性側に比べて「重視する」と答えた項目が**「相手の容姿」「共通の趣味の有無」以外のすべてにおいて高い**という結果になっています（74ページ）。

これを聞いて「男って顔しか見ないからねえ……」と思う方もいるかもしれませんが、**「重視する」と「考慮する」を足した値を考慮した場合、「相手の容姿」すら男女でほぼ同じパーセンテージ**になってしまいます。

ここでは年齢について聞いていませんが、男性が若さをなにより重んじることは女性なら肌感覚で理解できると思います。

結婚相手の条件

第16回出生動向基本調査［結婚と出産に関する全国調査］
（国立社会保障・人口問題研究所）より

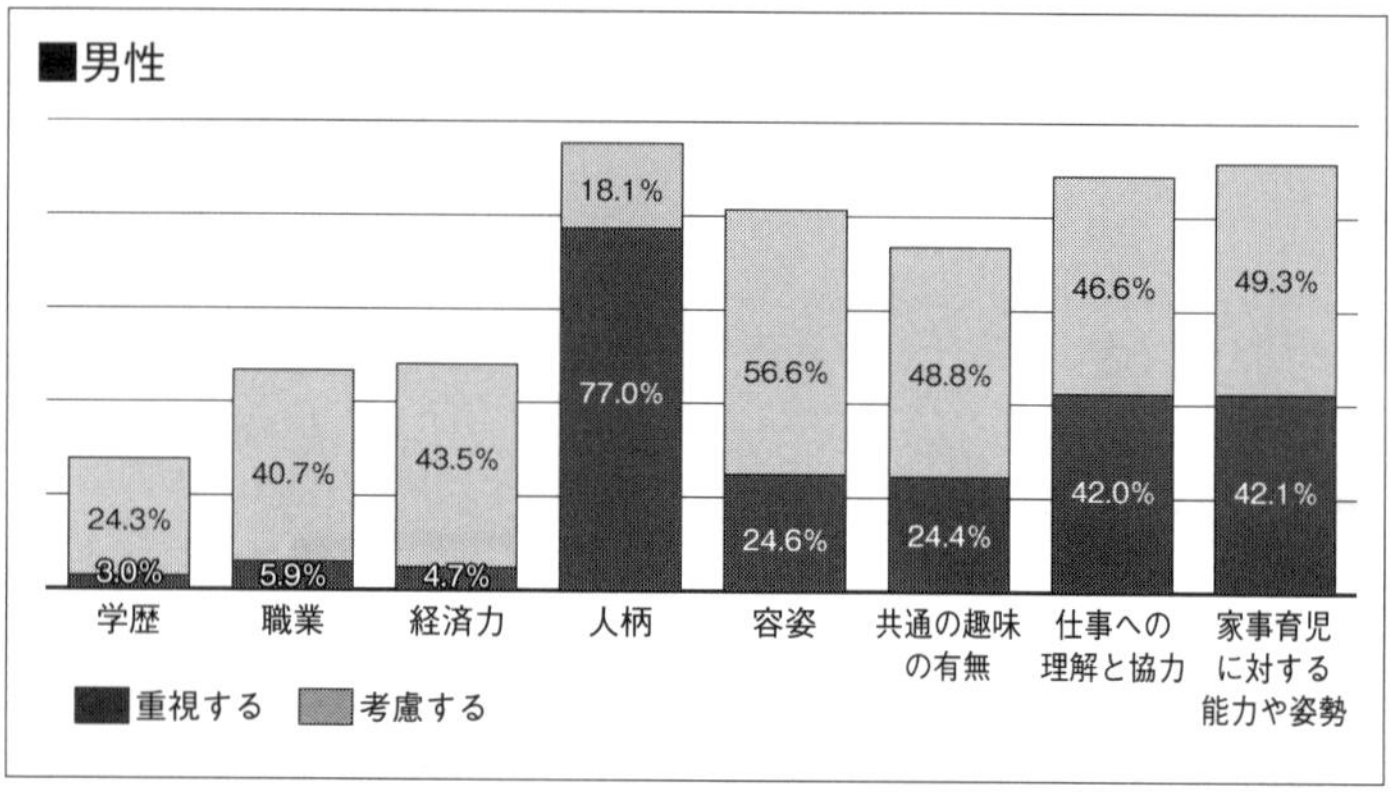

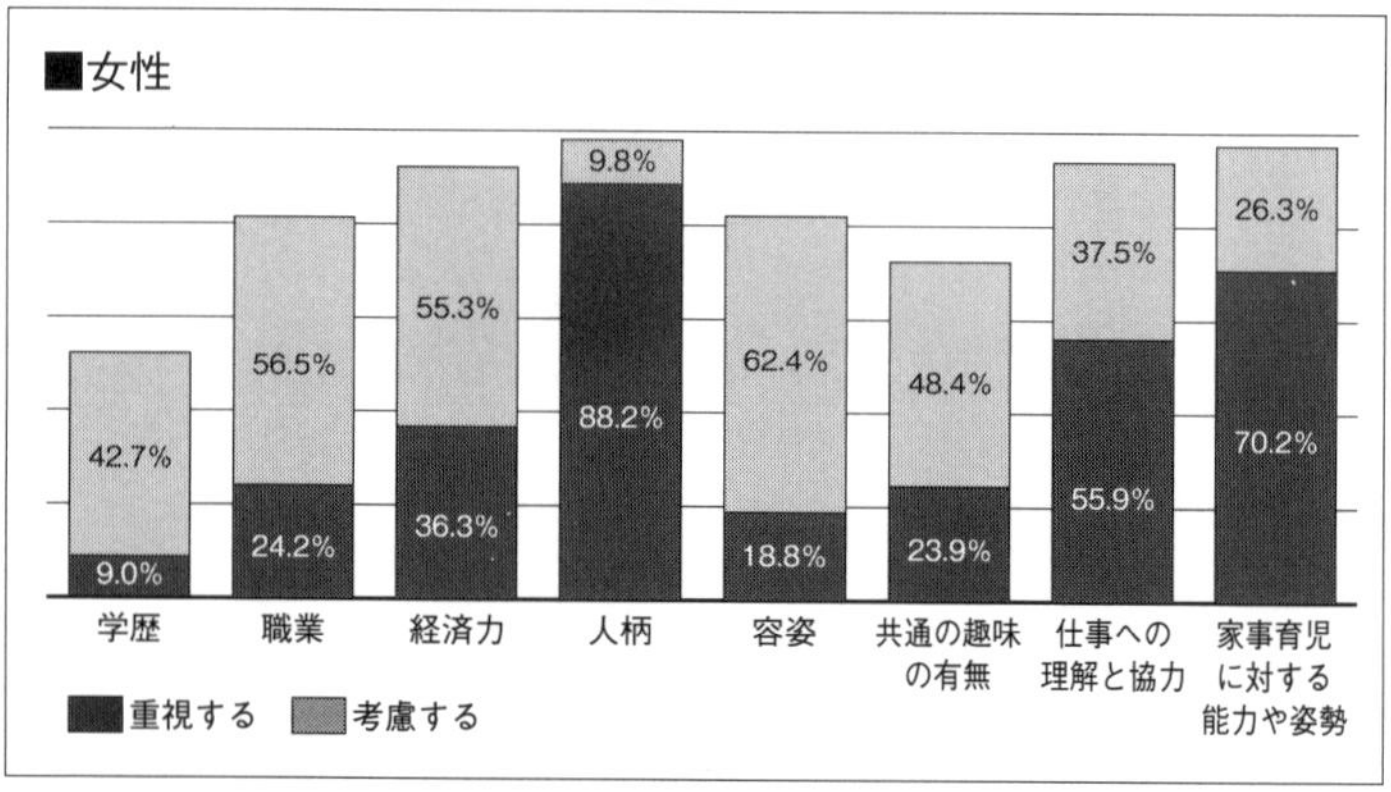

Point：女性は男性に比べて、結婚相手に求める条件が明らかに多いことが分かる。

そのことからも、ハンディキャップを抱えている男性が「異性と青春を謳歌する」物語が生まれにくい原因にもなっているといえます。

よくニュースなどで、

「女性が生きやすい社会は、男性も生きやすい」

という人がいますが、この言葉にうさん臭さを感じる方は多いでしょう。

この理由も、漫画における障がい者男性の立場から分かるように、

「あくまでも問題にされているのは、〝職場〟での生きやすさであり、プライベートな領域には触れていないから」

とも考えられます。

……と、ここまでいうと、

「けど、そういうのは社会制度でなんとかできないのかな？」

と思うかもしれません。

しかし、これらの問題の難しいところは、

「どんなに社会が変わったとしても、私たち自身の考えを是正するには限度がある」

ということです。

昨今では「バリアフリー」という言葉が叫ばれて久しいです。また「インクルージョン」や「多様性」など、様々な教育が行われています。

しかし、この中で忘れられているのが、

「どんなに〝公的領域〟を平等に是正したとしても、〝私的領域〟について直接干渉することができない」

ということです。

公的領域とは、主に有償労働の領域で就業などが当たります。具体的には「どのような仕事に就けるのか」「職場でどのような地位に就くのか」「職場でどのような役割を期待されるのか」などが該当します。また、レストランなど公共の場で必要な人に行うべき合理的配慮（たとえば車いす利用者のためにエレベーターを用意するなど）などについても『公的領域』に含めて考えてもいいでしょう。

私的領域とは具体的には、有償労働から離れたプライベートな領域のことで、分かりやすいところではファッションやサービス、習い事などが挙げられます。その他、友人をはじめとした他者との人間関係や利用できる社会資源、メディアでの取り扱いなども私的領域に含めて考えることができます。

たとえば、昔から何かと炎上の火種になりやすいオタク差別を例に説明してみましょう。

私たちが声を大にして「オタク差別を止めよう」というのは簡単ですし、「オタク差別」に声を上げていくことは大事ですが、仮に「オタク差別」がなくなったとしても、「前はオタクじゃない人と付き合ったから、次はオタクと付き合って平等にしよう」というように、個人の価値観を変えることはできません。

このような、

「恋人との関係をはじめとした〝私的領域〟を是正する」

ということは困難なのです。

以上のことから、

「女性は男性に対して〝年齢〟〝容姿〟以外に求める要素が多い」

「〝異性のパートナーに求める要素〟自体を差別の防止で変えさせることが困難」

という二重の問題があるために、

「恋愛描写の出てくる障がい者キャラは女性ばかり」

になってしまうということが考えられます。

もちろん、

「公的領域を平等にすると、間接的に私的領域が平等になる」

ということは十分にあります。

たとえば、障がいを持つ方でも健常者と同等の賃金を得られるようになる、あるいは普段の生活でも介助の負担が家族に偏らないといった制度があれば、私的領域の方も少しずつ溝が埋まっていくことは考えられますし、現在でも社会人が主人公の物語であれば「障がい者男性と健常者女性」の恋愛ドラマは存在します。

実際、女性の社会進出に伴って「バリキャリ女性とそれをサポートする男性」の物語は最近では見かけるようになりました。そのように今後溝が埋まっていけば、「男性障がい者と女性健常者の恋愛物語」も増えていくのかもしれません。

■まとめ

基本的に障がい者と健常者の恋愛ものが「女性障がい者と男性健常者」ばかりになるのは、男性が女性に比べて「年齢」「容姿」以外にも求められる要素が多いため。逆にいえば女性の障がい者は、若く可愛いキャラ以外はあまり作品に出てこない傾向にある。

【第1部 第8節】

なぜ恋愛指南をする際に「男性の人格批判」をする漫画キャラが多いのか？

恋愛や家庭に関する記事を見てみると、男性と女性で露骨に扱いが変わることに気が付きます。女性が相手だと丁寧に褒め言葉を交えて説明しますが、男性には極めて批判的、否定的なことが多くあります。この問題の背景にある日本の「男尊女卑」と「女尊男卑」について解説を行います。

■恋愛相談の内容を男女逆転させたら、クビが飛ぶ人は多い

人間が古今東西持つ共通の悩みといえば、やはり「恋愛」についてでしょう。そのため、週刊誌やネット記事、その他さまざまな媒体で「恋愛相談」は行われています。

当然これは漫画においても例外ではなく、恋愛指南に特化した作品も存在しています。

一方で、そうした恋愛相談系の作品を読んでいると、

「男なんてバカだから〜」

「男は頭が悪いから〜」

「男なんて単純だから〜」

と、**男性をけなすような物言いのキャラクター**がたいへん目立ちます。

もちろん相談を受けているのが女性ということもあるのでしょうが、仮に女性から相談を受けた男性が、

「女は単純だから〜」

などと応じるシーンはほぼありません。

そういわれてもピンとこないかもしれないので、ちょっと男女逆転させた「よくあるネット記事の導入部分」を描いてみました。

（※言うまでもないですが、左に挙げた記事は根拠はなく、**単なる思い付きで書いた記事です**
ので読者のみなさまはくれぐれも信じないでください）
・女性は男性に比べると、結婚後もいつまでも**幼稚な傾向が強い**です。そのため、妻の幼なす

ぎる言動に「なんでわかってくれないの？」と、お困りの旦那様も多いことでしょう。そんなダメ妻に困った男性が、離婚を決意して心機一転するまでの苦悩を描いたエッセイを今回は紹介します。

・「私は仕事で疲れてるの！」そう言って家事をしないモラハラ妻。夫が言えば家事はやってくれるけど、洗濯ものは皺だらけだし、料理もインスタントばかり。しかも文句を言うと不貞腐れて寝てしまう。こんな**大きな子どもみたいな女**と結婚した男性は大変ですよね。そこで今回はこんな**精神が幼いモラハラ妻の撃退方法**を紹介します。

・**男性は女に比べて**人の心の機微に敏感です。そのため、女が言わなくても、きちんと言いたいことが理解できます。しかし、女は相手の気持ちを理解するのが苦手なもの。かといって**甘やかしていてはつけあがる一方**です。そこで今回は、**家事をしない妻をしつける**ための大事なポイントを解説しましょう。

・「やっぱり**男ってすごい**……」自己中妻を捨てて一念発起して起業した男性に聴く、この世界に**はびこる女社会の渡り方**について

……いかがでしょう。自分でも書いていて、

「**この部分だけ切り取られてネットに拡散されたらやばいな、これ**」

と思うような内容になってしまいました。

このように、どのようなサブカルでも、**女性に関する内容は非常に気を遣って書かれることがほとんど**です。

他にも、サブカルの世界では、

「女ってすごい」

「女って怖い」

という表現は本当によく出てきます。

逆に男性に対しては「捨てる」「しつける」「撃退する」のように、おおよそ対等の立場の相手には用いないであろう表現も多く使われます。

そもそも、

「**男女逆なら大問題になる発言**」は、ほとんどの場合、

「**『男性』を『女性』に変えたら大問題になる発言**」

と同義であり、逆はほぼありません。

そのことから考えると、よく漫画のネタになりやすい、「男女逆転した世界」に本当に私たちが転移した場合、最初に職を失うのは「エッセイスト」になる可能性は高いでしょう。

このような「恋愛相談での扱われ方の落差」はどのような原因で起きるのかについて、今回は日本における構造問題を「**多義の誤謬（たぎのごびゅう）**」に着目して解説いたします。

■日本は「男尊女卑」であり「女尊男卑」である

このような現象が起きるのは、**日本がある意味では「女尊男卑」だから**だといえます。

ただ、このように書くと、

「**ふざけんな！　日本ほど男尊女卑な国は、ほかにないだろ！**」

とお怒りになる方もいるかもしれません。

それもある側面では正解で、**日本が「男尊女卑」なのは間違いありません**。

すなわち**日本は「男尊女卑」でありながら、「女尊男卑」でもある**という、いびつな形になっているのです。

このような食い違いがなぜ生まれるのか。その理由は言葉の定義にあると思われます。「尊」という言葉をどう定義するかによって、まったく違う意味合いになるからです。

言葉というのは「一つの言葉で複数の意味を持たせること」ができます。しかし、このような言葉の定義をきちんとさせないと、誤った結論に達してしまうことがあります（これを「**多義の誤謬**」といいます）。そこで、ここで男女がいう「尊」について考えていきましょう。

さて、まずは「男尊女卑」という言葉について考えてみましょう。

一般的に日本では、**就職や仕事などの「公的領域」においては男性の方が圧倒的に優遇**されています。

たとえば就職ひとつとっても、

「**男性だから採用された**」

という場面はいまだに多いでしょうし、

「いくらでも働いてくれる」

「残業や夜勤も引き受けてくれる」

といった思惑があるためでもあるのか、出世も男性がしやすい傾向にあります。

普段の生活においても、

「防犯のために住居にかけるお金は、女性よりも少なくて済む」

「化粧品に女性ほどお金をかけなくて済む」

という面で、男性の方が有利でしょう。

また社会的な立場としても、

「**男性の意見の方が、女性の意見より採用・信用されやすい**」

ということも、よく見受けられるのが現実です。

そして何より大きいのが、

「**出産・育児における負担は女性に偏りがちである**」

「**姑との人間関係や、介護問題についても、女性の負担が大きくなる**」

というのも男尊女卑といえるでしょう。

漫画やフィクションなどでも、

「女性差別的な発言を行う男性社員」

は、女性向けの作品では非常に頻繁に登場します。


次に「女尊男卑」とされる理由について見ていきましょう。

一番女性が優遇されるのは、「**人間関係を含む私的領域**」です。

ファッションや生活用品、習い事に至るまで、基本的には女性向けに作られたものが多く、新しいコミュニティに入るのも、女性の方が易しいでしょう。

人間関係においても女性は「女友達も恋人も、男性より作りやすい」「シスターフッド的な関係で、支え合いながら生きられる」ということも大きいメリットです。

育児・出産の負担が大きいのはたしかですが、**結婚を仕事に代わる「生存戦略」として用いることは男性には難しい**です。また、離婚についても女性側が申し立てることが多いことを考えても、男性側の方が女性から結婚後も厳しくジャッジされているとも考えられます。

「生命の維持」についてはさらに顕著で、自殺者数について見ると、日本において女性は明らかに男性より自殺者数が少ないのは厚労省の調査を見ても明らかです（左ページ図）。

メディアでの男女の扱いも大きく異なり、広告やネット記事なども基本的に女性に優しく男性（特に中年）を悪者にするものが多くありますし、ドラマやCMも基本的には「ダメな男とイケてる女性」という形で描かれます。

極めつけに、**そもそも両論併記なしに「日本は女性優遇だ」と公の場で発言できるのが女性だけ**（男性がいうと100%炎上する）ということも併せて考えると、男性側が「発言する口をふさがれている」と感じるのも無理もないことでしょう。

自殺者の男女比数

「警察庁自殺統計原票データ」より作成

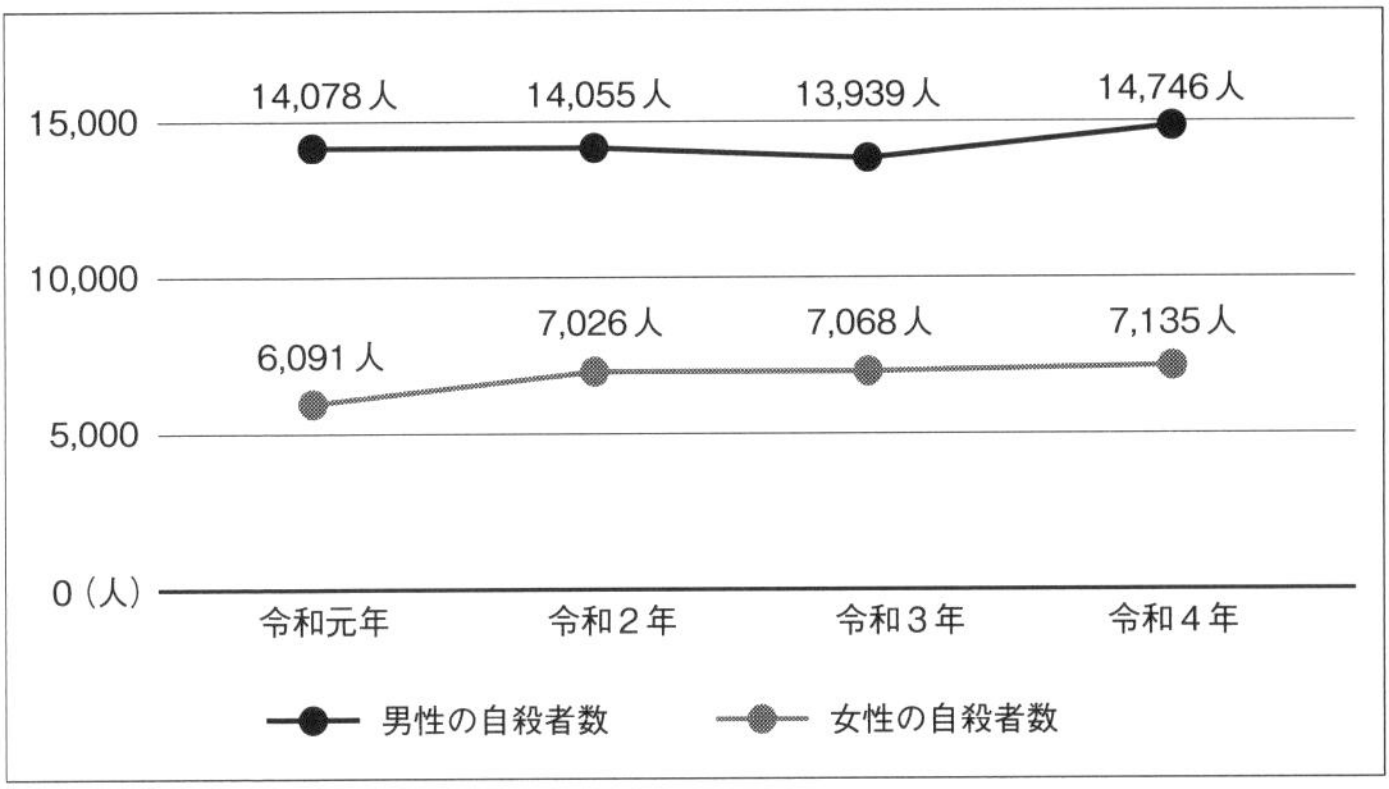

Point：男性は女性に比べると自殺率が高い。

以上のことを合わせて考えると、日本では、

「男性は〝発言〟が『尊重』されているが、女性の声は軽く扱われる」

「女性は〝存在〟が『尊敬』されているが、男性の存在を軽んじている」

という特徴があるため、**「男尊女卑」「女尊男卑」どちらも正しい**ということになっていると考えられます。

これは漫画でも同様です。

「女性は〝尊敬〟すべきだが、男性は軽く扱っていい」

という意識を私たちが持っているからこそ、無意識に「男性に軽い扱いをするキャラ」を支持している、とも考えられ

ます。

男性と女性、どちらが「尊」されているのかについてはこのように定義によって変わるのですが、**互いに生きづらさを抱えているのはまぎれもない事実**です。

そのことを意識した発言をお互いに心がけることが、男女ともに生きやすい社会を実現するために重要になるでしょう。

■まとめ

メディアやサブカルチャーにおいて男女の扱いが露骨に変わるのは、日本は男尊女卑な国家でありながら、「尊」という言葉のとらえ方を変えれば女尊男卑でもあるためである。

【第1部　第9節】

なぜ「データに頼るキャラ」は基本的に男性であり「ほぼ必ず負ける」のか？

ハイテクに頼ったり、データを分析したりして戦うキャラクターはバトル漫画でおなじみです。そうしたキャラは基本的に男性に多く、善戦こそするものの最終的に勝利することはまずありません。その背後には、男性が持たれるステレオタイプや「望ましい」とされる性格が隠れています。

■敵側の「データキャラ」の「敗北率」は、本人が出した「勝率」である

もしも、スポーツ漫画の常識が当たり前の世界に転生したコーチがいたら、このような指導を部員にすることでしょう。

「いいか、お前たち。今度の試合に勝つために、忘れないようにしてほしいことがいくつかある」

「はい！」

「まず、**ハイテク機器を使ったシミュレーションは一切禁止**だ」

「え、なんでですか？」

「**この世界のハイテクによるシミュレーションは１００％外れる**からな」

「じゃあ、どうするんですか？」

「**経験と勘**を信じるんだ。基本的に人間の野生の勘は、この世界では最強だ。『**パソコンより人間が直感で出す答えの方が正しい**』『**マニュアルは無視したほうがいい**』と信じるんだ」

「それ、パイロットや工事現場の人たちの前でもいえますか？」

「……ほう？　どうも減らず口を叩く勇者がいたようだが、それは君か？」

「あ、いえ、僕は何もいってないです！」

「それならいい。次に、**大きな目標を必ず立てる**んだ。実現できそうもない目標であればあるほどいい」

「ええ？　どうしてですか？」

「なぜかは知らんが、理想を掲げていないチームは負けるからな、この世界では」

「はい（**実現できそうで具体的な目標を立てる方がよい気もするけど**……。また怒られるから黙っとこう）」

「よし、異論はないな。それと最後に一番大事なことがある。……外見を整えろ」

「外見を？」

「ああ。読者人気のあるチームが基本的には勝つからな」

「外見なんて勝敗に関係ないような気もしますけどねえ……」


「この戦闘で勝つ確率は○％ですな」

「私の計算が正しいなら、この戦いは必ず勝つ！」

といった、データに頼るキャラクターは、漫画の世界にはたくさん出てきます。

しかし、皆さんは知っているはずです。

「**データに頼るキャラの勝率は基本的に芳しくない、ありていにいえばほぼ例外なく負ける**」

ということを。

そして、彼らが「主人公」になることは、ほぼ100％ないということを。

データやハイテクに頼るキャラは大きく分けて3通りの負け方をします。

具体的には、

・対戦相手が急成長する・実力を隠しているなど、戦闘開始時のデータと戦闘中のデータが食い違ってしまう「**なんだ、これは！　データにないぞ！**」タイプ

・コンピュータのはじき出した答えを信じることができない、あるいはデータの通りに行動できないことで敗北する「**こんなデータ、あてになるか！**」タイプ（特に『ドラゴンボール』〔作：鳥山明〕では、「スカウター」に表示された数値を使用者が信じることができないシーンが何度もありましたが、あのようなイメージです）

・勝率99％の場合、残りの1％を引き当てる「**1％の確率を引かれるなんて！**」タイプ

特に最後のパターンは「データ系」でなくても敗北フラグの代表なので、「**フィクションの世界で彼らの出す勝率は、〝対戦相手が勝つ確率〟である**」とすらいえます。

また、このような「データに頼る系」のキャラクターは全体的に見て男性の場合が多く、女性のキャラクターでこの手のタイプが（いわゆる「負けキャラ」として）出ることはあまりありません。

このような「男性ばかりがデータキャラになる」ということと「そういうキャラは、ほぼ勝てない」という現象は、なぜ生まれるのか。

このような価値観の問題を、私たちが持つ**「ステレオタイプ」並びに「信念バイアス」**から解説します。

■漫画では、読者が「理想とするキャラ」が勝つと考えていい

まず、データ系キャラが男性ばかりな理由についてですが、先にも挙げたようにやはり私たちが普段から抱えている「**ステレオタイプ**」の強さが考えられます。

まず、この手の「データをもとに勝敗を分析すること」については、どちらかといえば感情論ではなく、理屈で物事を考える必要のある分野になります。

そのことも考えると、

「男性は理屈で物事を考える」

という固定観念がいまだに根強いことが、データ系キャラを男性にすえてしまいがちな理由として考えられます。

次に彼らが敗北する理由として、

「（特に男性の）リーダーは理想家であるべき」

という考え方が私たちの中に存在する、ということが理由に挙げられるでしょう。

いわゆる「データキャラ」は「現実主義者」です。そのため、いいにくいことや難しいことであっても、必ず定量的に表現するという特徴があります。

一方で、データに頼らず勝利する側はどちらかというと、

「1％でも確率があるなら、それにかける！」

という「理想主義者タイプ」がほとんどです。

よく恋愛の場などでも、

「男は理想主義で、女は現実主義だ」

という論調で語られることがありますが、これもまた、

「**男性は理想主義者として理想を語らないと、人（異性も含む）が付いてこないから**」

という理由があるのでしょう。

恋愛の場でも、

「どんなことがあっても、僕は君一人だけを愛するよ！」

と理想論を語る人と、

「現時点で君のことが一番好きだけど、今後はもっと好きな人ができるかもしれないし、その時は浮気するかもしれない。だから、君を一生愛するなんて誓えない」

などと現実主義的に本音をいう人の二択であれば、前者を選ぶことと思われます。

ほかにも自身の副業について、

「まずは1年以内に副業を軌道に乗せて、年収を○円増やしたいな」

という現実的な夢（という名の目標）を語る人間よりも、

「3年以内にベンチャー起業して億万長者になるからさ！　そうしたらお前の行きたがっていた海外旅行、ファーストクラスで行こうぜ！」

と、できもしない夢（という名の妄想）を語る男性がいた場合、後者を選んでしまう女性も一定数いることでしょう。

私たちは、

「間違った内容であっても、自分の信念に従うものを〝正しい〟とする」

傾向を持っています（これを「**信念バイアス**」と呼びます）。

そのため、

「データに基づいて現状を分析する人よりも、勝利を信じて理想論を述べる人」

の方が正しいと考える（だからこそ勝利する）ということが考えられます。

ただ一方で、

「理想主義的なリーダーには、現実主義的なパートナーが必要」

というのも事実です。

実際に、この手の「データ・ハイテクに頼るキャラ」の場合、

「戦闘が終わった後、主人公陣営に取り込まれてサポート役に回る」

というパターンは極めて多いです。

すなわち、どちらがいい、悪いではなく、理想主義者を推進力だとしたら現実主義者は調整弁といえます。このように、それぞれに良さがあるということがフィクションの表現からも分かるかと思います。

■まとめ
「データキャラ」が男性に多い理由は「男性は理屈っぽい生き物である」と考える「ステレオタイプ」が存在するからである。そして彼らが敗北する理由は「現実的に物事を考えるより、理想を語る人に勝ってほしい」という読者の「信念バイアス」が働いているからと考えられる。

【第1部 第10節】

なぜ女性向けの恋愛漫画に「補欠の運動部員」が登場する場面はほぼないのか？

基本的に女性向けの恋愛漫画に出てくる男性キャラは、男性向けの漫画に出てくる女性キャラに比べるとハイスペックです。特に運動や勉強、文化芸術などで何かしらの突出した才能を持つキャラばかりで、内面もいい意味で無難なキャラが多くなる理由を今回は考えていきましょう。

■「優しい男」と「いい女」がモテない理由

男性には男性の、女性には女性のつらさがありますが、そのうちの一つが「どんな人間がモテるのか」が全然異なることでしょう。

男性と女性のつらさを客観視するために、男女が逆転した世界のとある学園を覗いてみましょう。


「はあ……」

「なに、ため息ついてんだよ？」

「私の好きだった男子がさ。陸上部のエースの女と付き合いはじめたのよ」

「そういや、お前は野球部の補欠だったっけ。**お前じゃ釣り合わねえだろ**」

「うっさいわね。なんでこう、**男ってカースト上位の奴とばっかり付き合うのよ？　大人になっても、年収や顔で女を選ぶじゃない？**」

「そんなことないだろ？　人間は内面の方が大事だからな。優しい女がなんだかんだで一番モテると思うぜ？」

「はあ？　っざけてんでしょ？　**そもそもあんたら男子って、スペックの低い女にかかわろうとしないじゃない！**　挨拶しても無視するし、困っていた時に声かけても嫌な顔して別の人にお願いするでしょ？　デートどころかグループでの集まりにも呼んでもらえないし！　それでどうやって〝優しい人〟って思ってもらえるわけ？」

「ああ……要するに、女はまず実力が伴わないと、優しさを発揮する場面そのものを得られないから、内面を見てもらうことができないってわけか……」

「そういうこと。その点、男は良いわよね？　誰かしら声かけてくれた人に優しくすれば〝内面アピール〟で女を落とせるんだから？」

「あん？　てめ、なめてんのか？　俺はな！　この間のクラス会でリーダーやってすっげーがんばったんだよ！　で、困ってる男子たちにも声かけて手を貸したんだよ！　その結果、どうなったと思う？」

「誰かいい人でも見つかったの？」

「ちげーよ！　**ブスのくせに出しゃばりだな、って言われたんだぜ！**　その上、打ち上げでは幹事を担当したのに、**当日も〝お笑いキャラ〟として引き立て役をやらされた**んだよ！」

「引き立て役、ねえ……」

「そんだけ努力したのに俺は相手にされないで、単に**他人の企画に乗っかっていただけのイケメンが『彼がいると場が盛り上がるよね』って言われてモテる**んだよ！　おかしいだろ！」

「つまりあんたは、男はどんなに内面をアピールするためにがんばっても、表面的な部分が原因で相手にされないってわけね……」

「そういうこと。女ってみんな容姿が悪いだの、体型がダメだの、外見のことばっか言ってくるよな！　そういうところがマジむかつくんだけど？」

「あのさあ？　私はそういうこと言わないわよ。けど、打ち上げに呼んでももらえなかったから、証明することは無理ね」

「それはまあ、悪かったよ。……お互い、気が合うな」

「本当にね。……ところでさ……」

「なんだよ？」

「あんた、今付き合ってる人、いるの？」

「あ〜出た！　**それが一番キモイ！**　そうやって、**ちょっと話聞いてやっただけで『コイツなら行けんじゃね？』って勘違いする女が一番ダメ！**　だから、お前に声かけるヤツがいねーんだよ！」

「……アハハハハ！　言ってくれるねえ！　……それじゃあ、表に出な。決着つけてやるよ？」

「ああ！　なめてんじゃねえぞ、コラ！」


男性向け漫画のヒロインの場合、「ものすごくハイスペックの委員長キャラ」が選ばれることも多いですが、

「**クラスであまり目立たない子**」

「**主人公以外が声をかけないような子**」

がメインヒロインをはることも、決して珍しくありません（ただし、容姿だけは少なくとも読者目線では優れている場合がほとんどです）。

一方で女性向けの漫画の場合、

「クラスで一番成績優秀な男子生徒」

「運動部のエースである男子生徒」

「世界的なピアニストなど、芸術面で活躍している男子生徒」

が描かれることが本当に多く、要するに「**何かしらの分野で高い順位が付いている**」ようなキャラクターばかりです。

また、対象年齢が上がると、

「高収入のエリート社員」

「モデルやタレントなど、容姿を売りにした仕事に就く男性」

が出るようになっていきます。

性格についても「優等生」や「俺様」タイプに分類されるキャラが多いですが、

「**極端に独特な性格をした変わり者**」

「**会話も成り立たないレベルの性格の人**」

は、女性ヒロインほど出てきません。

一方で、容姿については全体的に優れている傾向がありますが、男性向け漫画の女性ほど極端ではありません。

くわえてヒロインのお相手として、

「クラスでの札付きの悪」

が選ばれることはありますが、

「クラスでいじめられている男子生徒」が選ばれることは、ほぼありません。

それどころか、運動部の補欠である男子生徒や、あまりぱっとしない地味な男子生徒がヒロインの相手に選ばれることとすらほぼありません。

もっというと、スポーツのシーンなどでも、

「あ～かったりぃ。勝ったら来週も応援かよ。早く終わんねーかな。よし、敵チームが点を決めてくれたぞ！　がんばれ！　早く終わっちまえ、そして来週は新作のゲームをやらせてくれ！」

と心の中で毒づいている補欠の男子部員など存在すらしません（まあ、これは男性向けの漫画でも同様なのですが）。

このような「男性キャラと女性キャラの能力差」はなぜ生まれるのか。

これは私たちが**「生存者バイアス」によって、一部の異性を「透明化」させている**という問題があるためといえるでしょう。

■人間は「普段から目に付くもの」ばかり頭に浮かべてしまう

「動画配信者になりたい！」

という子どもは近年では多くいるようです。

この理由としては、

「一見すると楽そうで、しかも大金が稼げる」

「周りからちやほやされる面白い仕事」

に見えるというのがあるのでしょう。

しかし言うまでもありませんが、このような、

「大金を稼げる動画配信者」

「膨大な視聴者数を得られる動画配信者」

というのは全体から見るとごく少数です。

その陰には、

「結局視聴者数が稼げず、人知れず去っていく人たち」がたくさんいるわけですが、そうした動画配信者は私たちの目にほとんど留まらないこともあって、この問題を過小評価しがちです。

このように人間が持つ、**「生き残っている対象ばかり目にすることで、実態を正しく理解できないこと」**を**「生存者バイアス」**といいますが、これは人間関係でも働くものです。

たとえば女性にとって「男性のイメージ」といえば、「彼氏、父親、同僚、男友達のいずれか」といったイメージが強いと思いますが、実際には、「生涯にわたって異性に相手にされない非モテ男性」「女性の友達がひとりもいない男性」はかなりの数います。

しかし、彼らは物理的にも女性の視界に入らないため、**「いなかったもの」として透明化されてしまっている**と考えられます。

ここで男女共同参画白書の資料を見てみましょう（105～106ページ）。

このデータを見ると、

これまでの恋人の人数（未婚者）

「男女共同参画白書 令和４年版」（内閣府）より

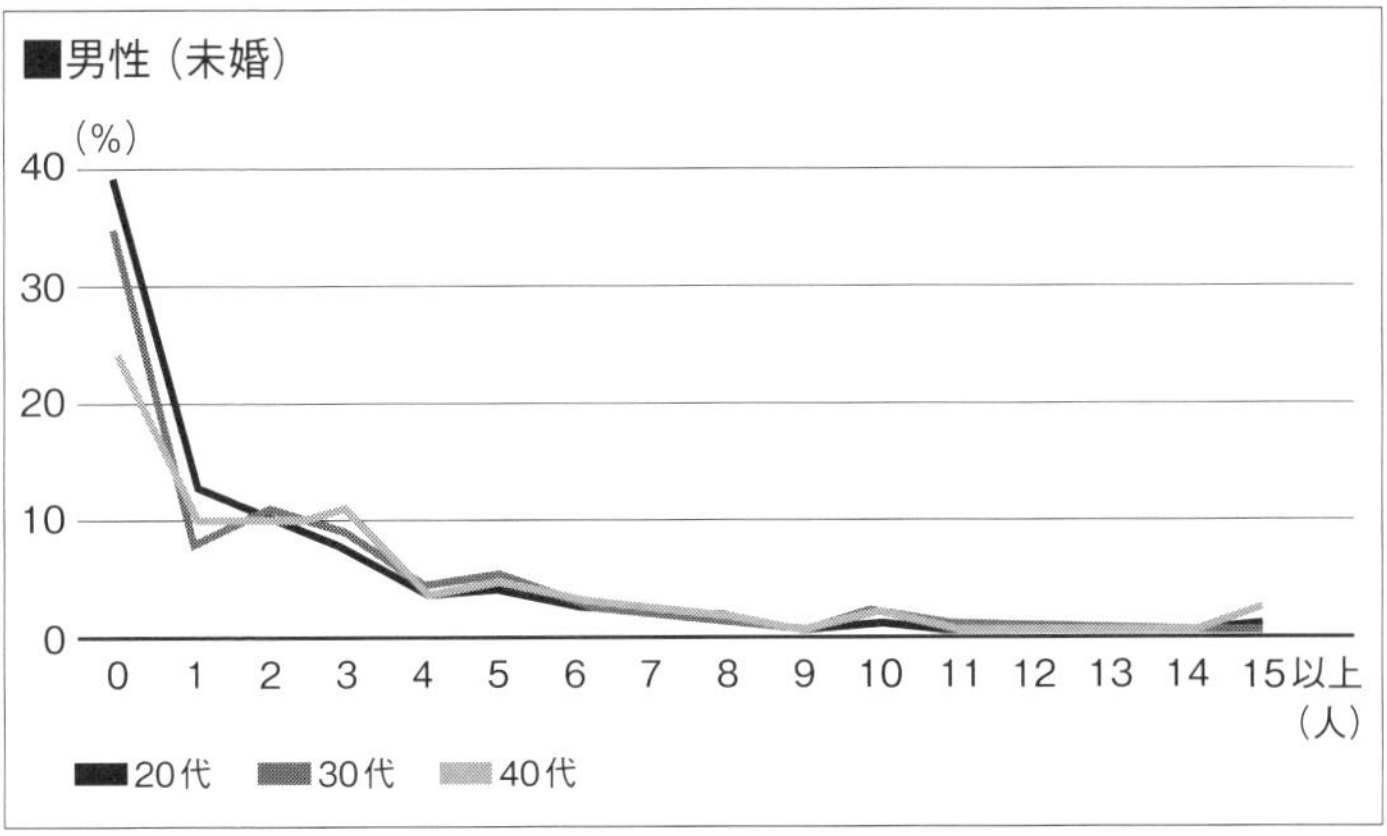

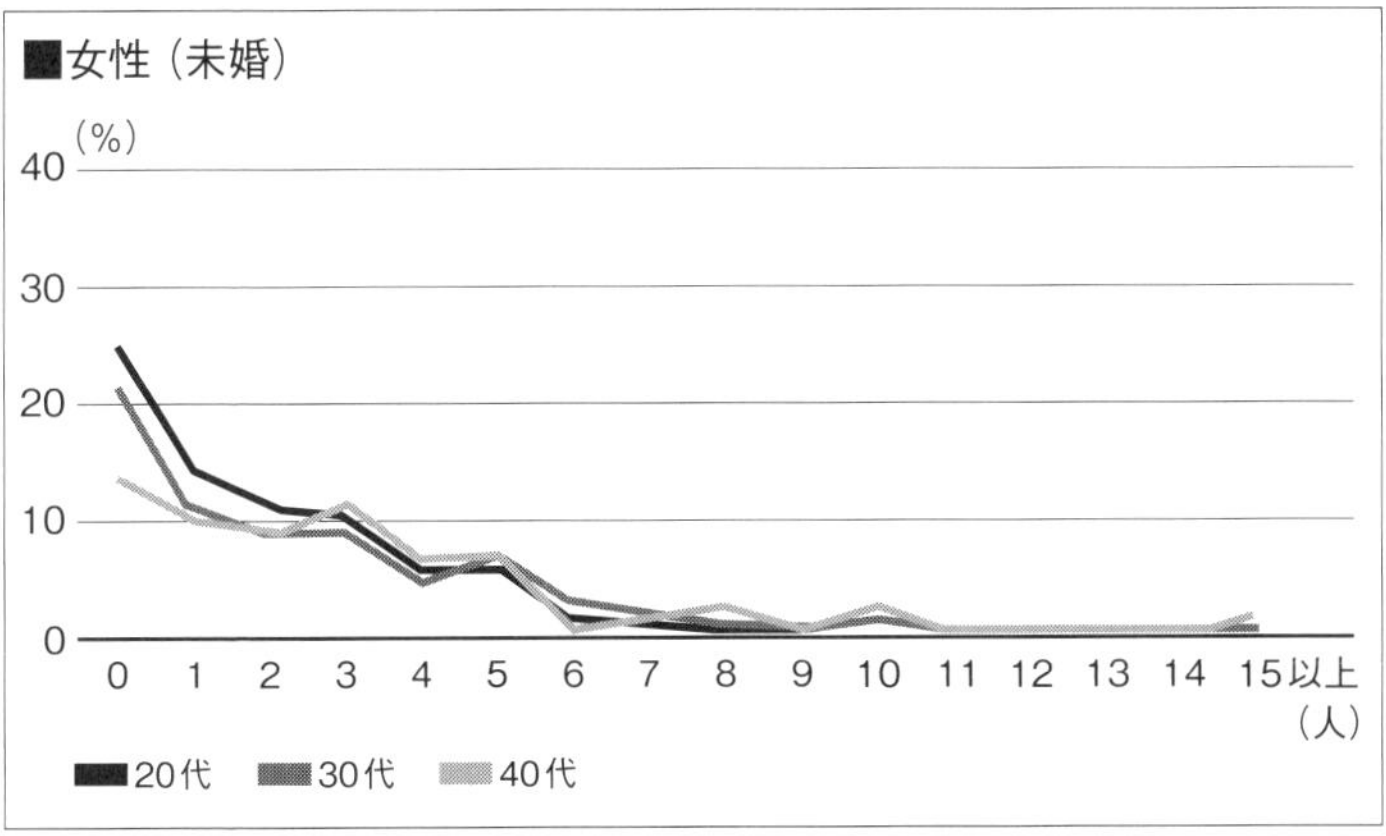

Point : 未婚男性と未婚女性を比べると、これまでの恋人ゼロという人は圧倒的に男性の方が多い。

これまでの恋人の人数（既婚者）

「男女共同参画白書 令和４年版」(内閣府) より

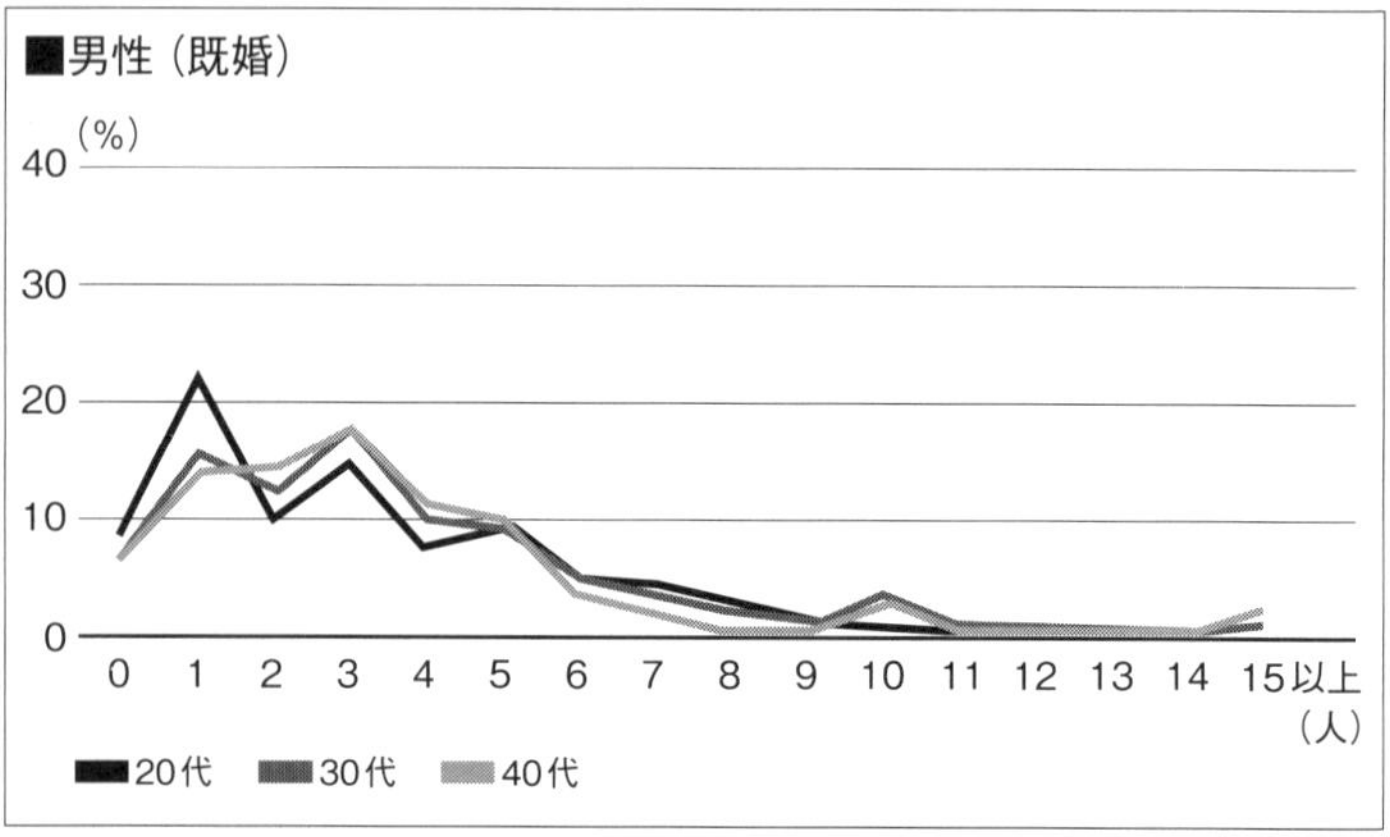

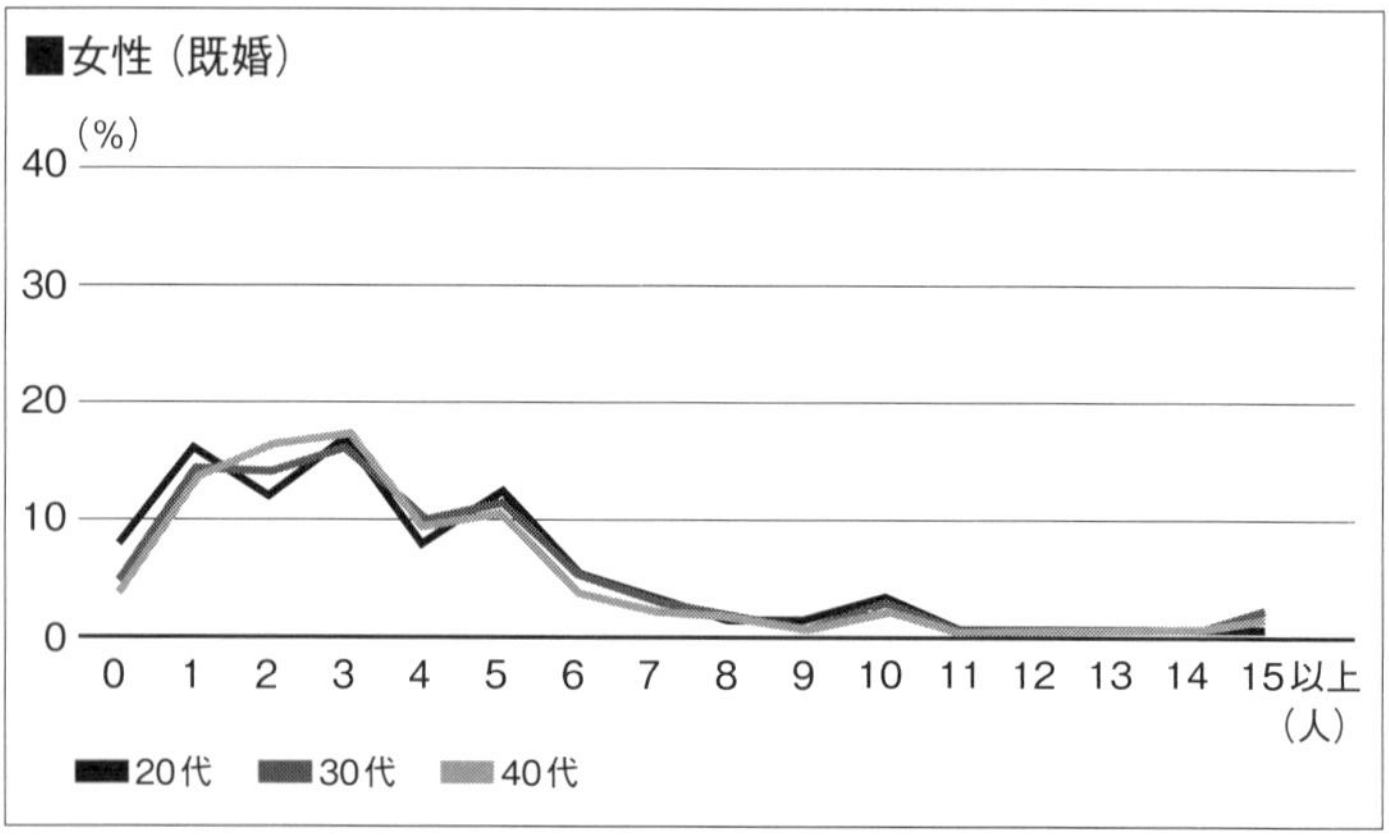

Point：男性は女性に比べて恋人の人数０人が多く、かつその格差も既婚・未婚間で大きい。

独身男性のうち「交際人数ゼロ」の比率は、女性のそれに比べて明らかに高いことが分かります。

さらに40代男性について見ても、未婚の40代男性のうち交際人数がゼロの人は23・7％いるのに対し、既婚の40代男性の10・2％は5人もの女性と付き合っています。

40代女性で同じ数値を見ると、それぞれ未婚女性の交際経験ゼロという人は13・7％、既婚女性で交際人数5人という人が10・2％となっていますので、「恋人の人数の同性間格差」は男性の方が明らかに多いです。そのため、「交際人数ゼロの男性」は透明化されやすく、女性の目（さらには既婚男性の目からも）には映りにくくなっていると考えられます。

男性の場合、女性への関心の大部分を「若さ」と「容姿」が占めています。そのため、いわゆる「〝透明化された女性〟問題」は、強い関心を持たれやすい若年層（特に学生）に関しては起きにくいといえます（そのため、クラスの「地味な女の子」がヒロインになる作品も珍しくないのでしょう）。

しかし、逆にいえば男性は年齢や容姿を重視するという傾向が大きいので、容姿が優れていない女性が登場することはほとんどないですし、**ある程度の年齢以上になると急に女性キャラが恋愛をしなくなってしまう**のも男性向け作品の特徴といえるでしょう。

人間はどうしても**「勝ち残り、生き残ってしまったものだけを見て物事を判断してしまう」**という特徴があります。それらのことから、女性向けの漫画には、いわゆる「補欠の運動部員が出てこない」という現象が起きると考えられます。

このような「透明化された人間」がいるということを理解していないと、**「自身の立場を見誤る**（自分を『透明化されていない勝ち組男性・女性』と同等に考えて婚活で失敗する）」ことや**「思わぬところで透明化された人の反感を買う**（特に多いのがネットでの炎上）」という問題が生じます。

自分の世代・年代・性別に向けられた漫画やメディアだけを見るのではなく、**「普段自分が関心を持たない人たち」について書かれたものも読む**、といった取り組みをすると、「透明化された存在」についての理解が深まると思われます。

■まとめ

女性向けの恋愛漫画に補欠の男性キャラクターが出てこないのは、カースト上位の男性ばかりが目に付く「生存者バイアス」により、自身が関心を持たない男性を透明化してしまっていることが理由。女性だけでなく男性も年齢や容姿で相手を透明化してしまう傾向がある。

【第1部 第11節】

なぜフィクションの世界では、妻と死別した男性はほとんど再婚しないのか？

フィクションの世界にも離婚するカップルはよく登場しますが、基本的に夫側に責任があるケースがほとんどです。また男性が独り身になる理由は「死別」ばかりで、再婚することもありません。

そうした現象の原因として考えられる男性に求められる恋愛観を解説いたします。

■フィクションで、女性が有責で離婚することはかなり珍しい

夫は1万5500件。
妻は4万3469件。

この数値が何を意味するかわかりますか？

……そう、これは令和2年度の**離婚の申立件数**です。

この数字に表れているように、離婚というのは女性の方が3倍近く申し立てをすることが多いもの。エッセイなどでも「離婚したい男性」はあまり出てきませんが、「離婚したい女性」の話は毎日のように出てきます。

その理由は様々ですが、男性の離婚事由は「性格が合わない」が半分以上を占めているのに対し、女性は男性に比べると理由がばらついており（特に「暴力を振るう」「生活費を渡さない」が多い）、女性は多様な原因で離婚の申し立てを行っていることがわかります。

さて、このような離婚件数と離婚理由の違いは、フィクションの世界にも表れています。

作中で離婚歴のある女性が出てくることも決して珍しくないのですが、それらの作品を読んでいて気が付くのが、

「女性は様々な理由で独り身になるが、男性が独り身になる理由は、ほぼ〝死別〟である」

ということです。

具体例として、妻と死別した男性キャラの112ページに挙げています。

基本的に昭和・平成・令和と時代を通して「妻と死別した男性」は出てきますが、

「独り身になった男性は、多くの場合再婚しない」

令和２年度 離婚の申立ての動機別人数

「司法統計 19　家事 令和２年度 婚姻関係事件数」より

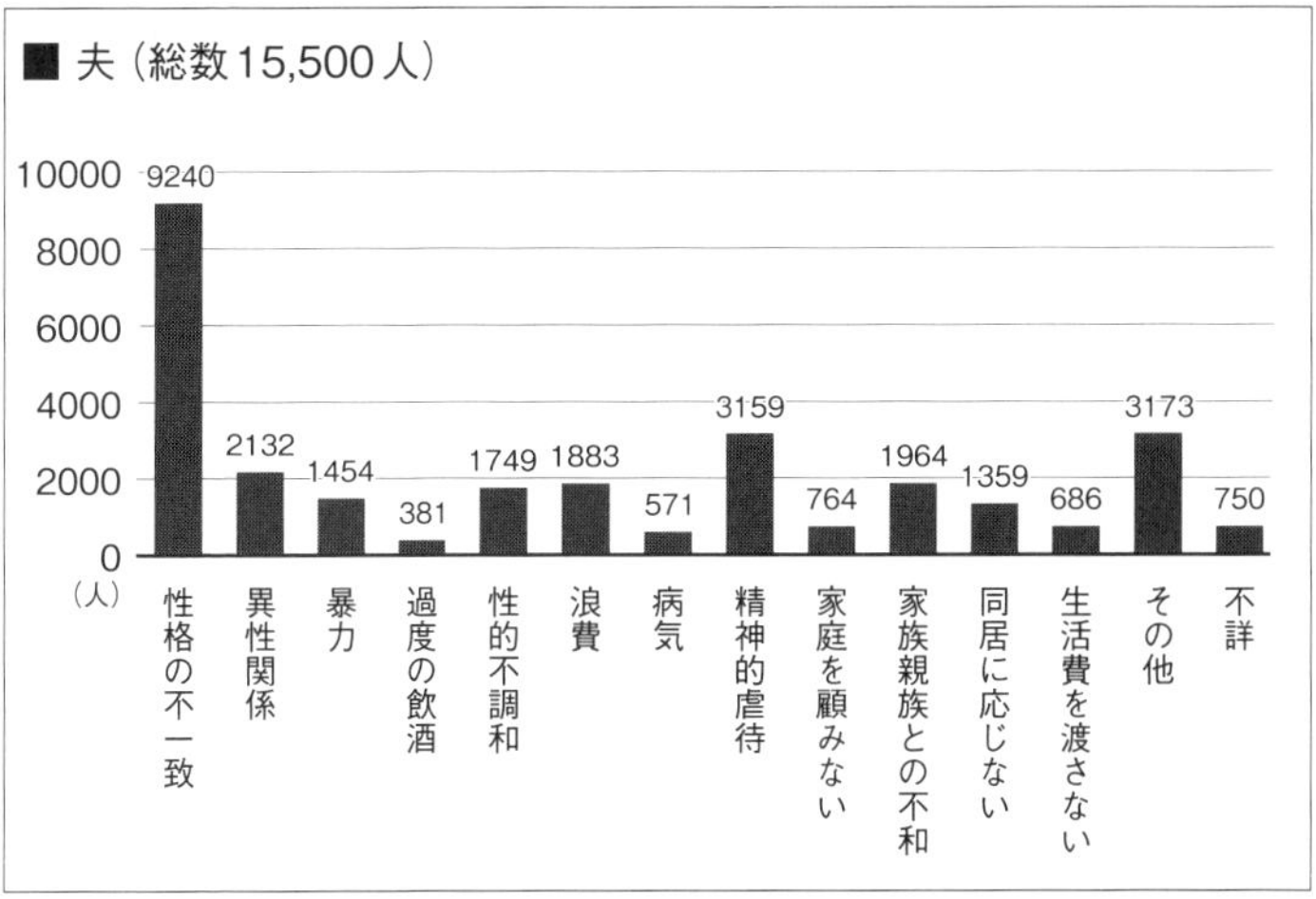

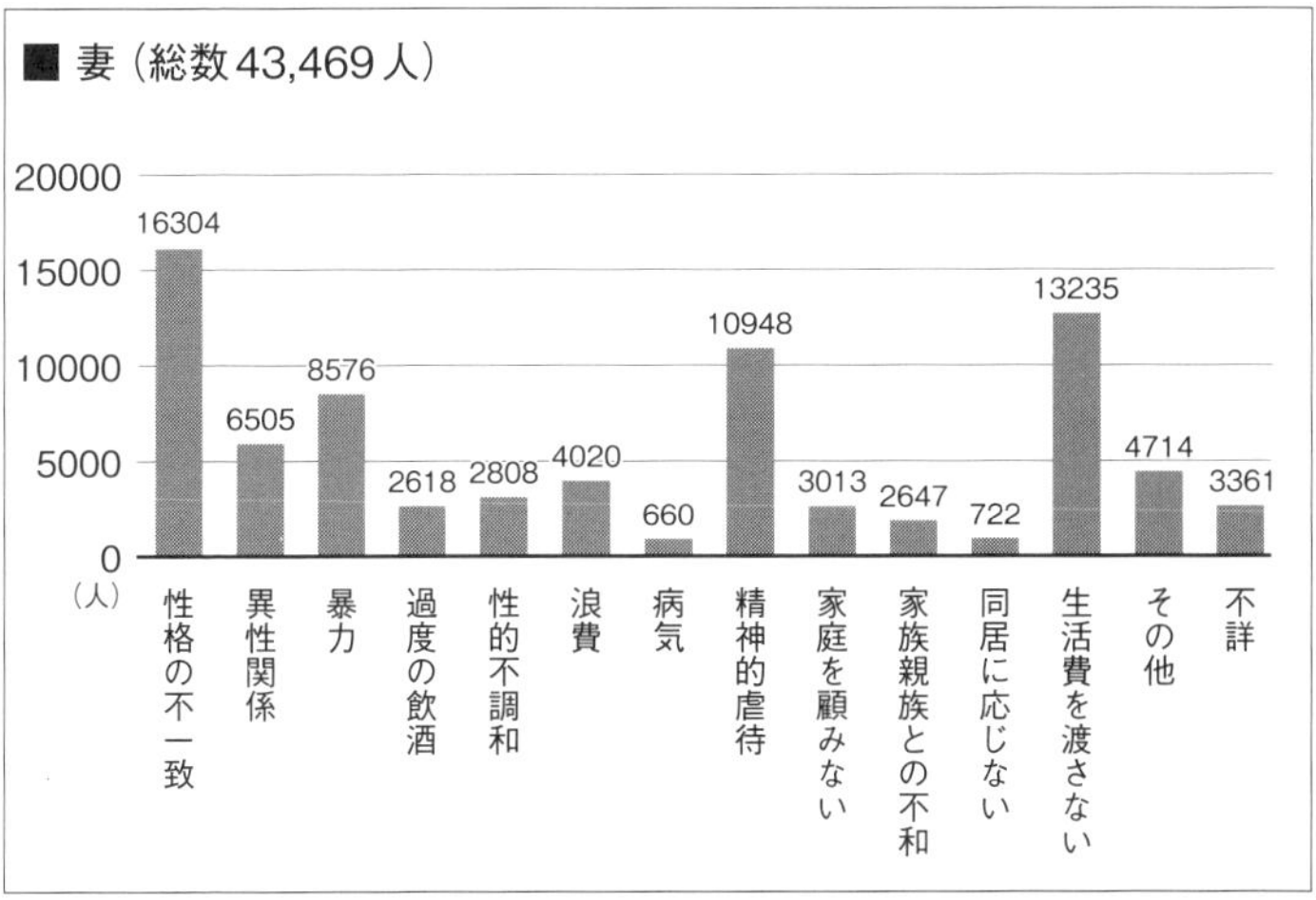

妻と死別した男性キャラクターの例（漫画）

作品名	連載開始年	キャラクター名
『巨人の星』	1966年	星一徹
『がんばれ元気』	1976年	堀口秀樹
『美味しんぼ』	1983年	海原雄山
『銀のロマンティック…わはは』	1986年	由良紘一
『らんま1/2』	1987年	天道早雲
『カードキャプターさくら』	1996年	木之本藤隆
『おじさまと猫』	2018年	神田冬樹

というのも特徴であり、上に挙げた漫画の父親はすべて作中で再婚していません。

なぜ、フィクションの中の男性は自分から離婚を切り出すことがなく、また離婚した後も再婚しないのか。

この背景には、世間が**男性に対して求めている〝ある人物像〟**が浮かび上がってきます。

■「離婚・離別からすぐに立ち直る男性」はフィクションでは望まれていない

なぜ男性キャラは「自分から離婚を切り出さず、離婚しても再婚しないキャラ」が多いのか。

最初に男性側が離婚を切り出さない理由を考えていきましょう。まず考えられるのが、基本的に**男性は美徳として「耐えること」を求められる**風潮がいまだに根強く残っているということです。

実際に、女性は昔に比べると、

「結婚生活で我慢なんてしなくていい！」

といった言説が主流になっているのですが、男性については、いまだにそのようなことを口にする人は少数派です。それにくわえて、**そもそも恋愛する機会が女性に比べて少ない**ことは先に説明した通りです。

それらのことから、

「男性は、自分から女性に離婚を切り出してはならない」

という意識がフィクションの世界でも表れていると考えられます。

次に、男性が配偶者と死別した後に再婚しない理由はなぜでしょう。

それについて考える前に、

「現実では、配偶者を失った男女はどのような気持ちでいるのか」

ということを統計データから考察してみましょう（114ページの表）。

この統計データを見ると、やはり配偶者と死別した男性の方が女性よりも孤独感を抱く傾向が強いことが分かります。そのため、「男性は女性よりも孤独感を持たないから再婚しない」という理論は成り立たないことが分かります。

そこで考えられるのが、男性はむしろ女性よりも**「異性に対して一途であるべき」というス**

配偶者の有無別孤独感（直接質問）

「人々のつながりに関する基礎調査」（内閣官房ホームページ）より作成

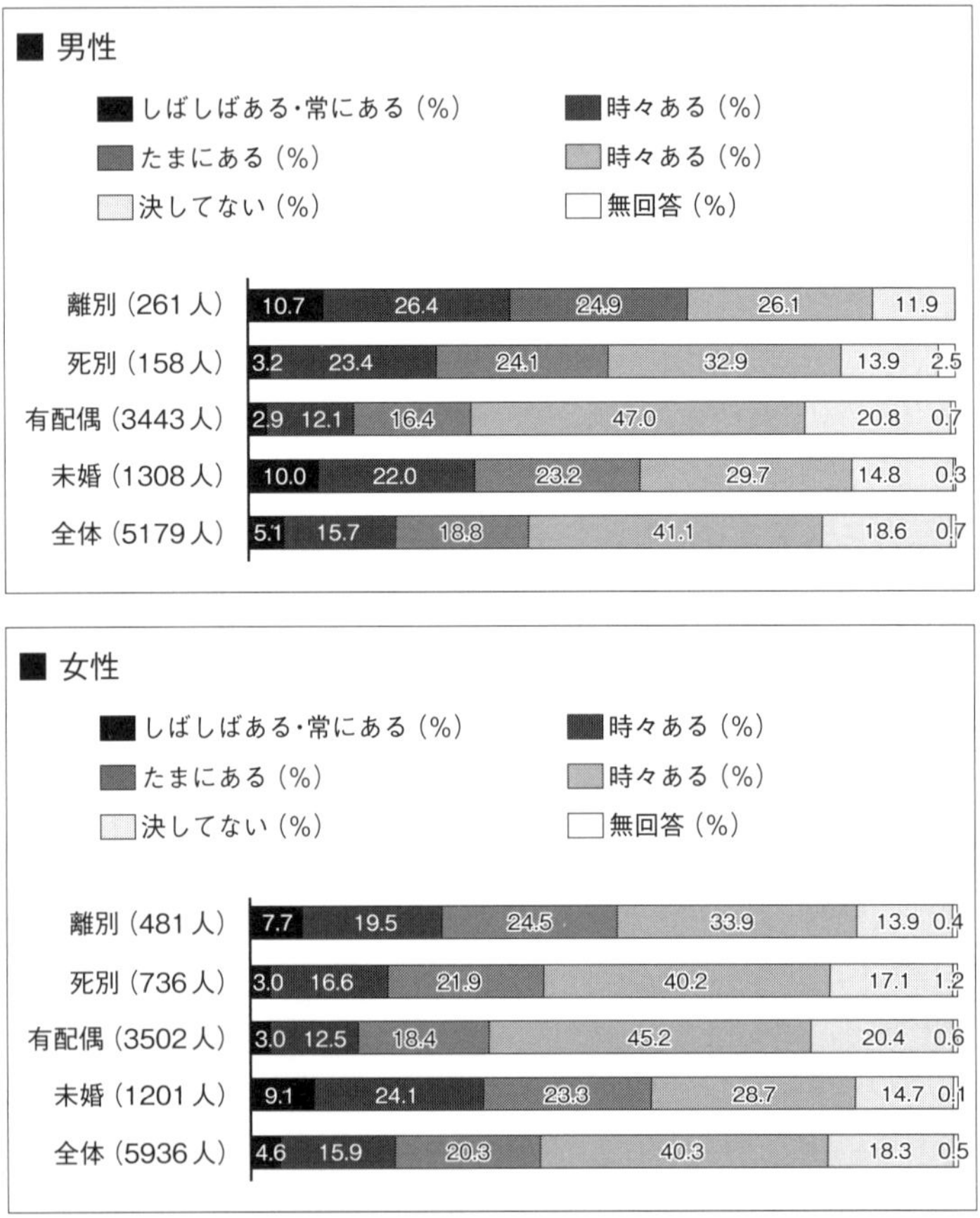

Point：男性は女性に比べると、配偶者との離別・死別で感じる孤独感が強い。

テレオタイプが強く植え付けられているということでしょう。

これは男性だけでなく女性側も同様です。

よく男性は、「精神的にもろいから、一度失恋したらなかなか立ち直れない生き物だ」などといわれることがありますが、漫画の「独り身キャラ」の立ち位置から考えると、むしろそのような「弱くて繊細な男性」の方が異性から好まれており、「失恋してもすぐに立ち直って、またすぐに次の恋を探す、ある意味では〝強くてタフ〟な男性」というものは、実際には好まれていないとも考えられます。

このような心理が「男性のキャラクターは一途であり、生涯にわたり配偶者だけしか愛さない」という傾向に繋がっているのでしょう。

■まとめ

男性は基本的に自分から離婚を切り出すことがなく、なおかつ死別した後も再婚しないキャラが多くを占めているのは、男性が「結婚生活は我慢するべき」という価値観と「一人の女性に一途であるべき」という価値観がそれぞれ強く求められているからといえる。

【第1部　第12節】

なぜ男性の「中年・老人」は若手のために死ぬのに、女性だとそれがあまりないのか？

他者を助けるために自分が犠牲になる、そういうシーンは男性でも女性でも見られますが、いわゆる「未来のために自分が礎になる」というかたちの自己犠牲は、多くの場合、男性が担いがちです。ここに男性の「加齢と命の序列」の問題が見られます。

■一度は言ってみたい「ここは俺に任せて先に行け！」

「ここは俺に任せて先に行け！」

「ここは私が食い止める！　あとは任せたぞ！」

人生の中で一度は言ってみたいセリフですよね。

漫画などではよく、

「他者を生かすために、自分が犠牲になる」

というシーンが出てきます。

このような「ここは俺が食い止める！」系の展開は、男性キャラでも女性キャラでも多くの場面で見られます。しかしこの展開は、ある条件が揃うと「犠牲になるのは男性ばかりになる」という現象が発生します。

いったいどんな条件なのでしょうか。

まずは次の文章を読んでみてください。


「大変です！　この街にもとうとうベツノセイギ国の襲撃隊の手が迫ってきました！」

「ふむ……ついにきたか」

「やはり、我々セイギ村の考えは古かったのだろうな……」

「今となっては後の祭りだが……最初からベツノセイギ国の訴えていた政策に従っておれば、
若者のためによかったのかもしれん……」

「そんな！　私はそうは思いません！　皆さんも街の未来を考えて今の選択をしたんでしょ

う？」

「はっはっは。**若造がよく言うわ**。若いころを思い出すのう？」

「まったくまったく。……さて、では我々は行こうか」

「ちょっと待ってください！　皆さん、なぜ街の方に戻るのですか？　早く脱出しないと！」

「全員で脱出したら、我々年寄りは足でまといになってしまうからな。それに、敵の追手の足も速い。だから……」

「そう、最期まで街に残って囮として、敵を引き付けることにしたってわけさ」

「そんな……ですが……。私を幼いころから育ててくれた、あなた方を放っておくなんて！

そう、それは私がまだ幼かったころ……」

「やめい！　余計な心理描写に行数を使いたくないから、はよ納得せい！」

「……そうですね……分かりました！　……みなさん、すみません！」

「そう謝るんじゃない。**お前たちは、新しい時代を生きるんだぞ**」

「わかりました！　みなさんも、ご武運を！」

……さて、いかがでしょう。おそらくこのシーン、

「**お爺さんたち**が、村の若者を救うためにゲリラ戦を展開するくだり」

を想像したのではないかと思います。

しかしこのシーンは実は、

「**お婆さんたち**が、村の若者を救うためにゲリラ戦を展開する」

という設定で書いています。

このシーンでみなさんが想像したように、

「**不特定多数の若者を生かすために犠牲になる**」

というパターンの場合、**名乗り出るのはほとんどの場合、中高年の男性**です（助ける相手が身内や肉親の場合を除いてですが）。

もちろん、

「そもそも、そういう場面が出てくるような漫画における登場人物の女性比率が低い」

という事情はもちろんあるでしょうが、

「なぜ、男性は中高年になると『犠牲役』を名乗り出るようになるのか？」

その原因として考えられる、男性の「加齢とともに下がる命の優先順位」問題を解説いたします。

■男性は加齢による「命の序列」と「社会の立場」の変動が女性より激しい

人間には「発達段階」と呼ばれる「人生のステージごとに達成するべき課題」があるとする理論があります。

その中で代表的なのが、〝エリクソンの発達段階モデル〟と呼ばれる理論で、その理論では、中年期の課題を「**世代継承性**」だとしています。

「世代継承性」というのは、読んで字のごとく、次世代を担う者に何かを残そうとすることです。中年期の男性にはその課題があることから、フィクションの世界でも自然と次世代を活かそうという行動をとる、ということが考えられます。

もうひとつは、やはり「中高年男性の命は、軽く扱われても世間は疑問に思わない」という意識があるから、という理由もあるでしょう。

たとえば海難事故などで、

「女性や子どもを優先する」

という言葉があります。

これは逆にいえば、

「**男の子は17歳と18歳で、命の優先順位が変わる**」

とも受け取ることができます。

「男性は女性に比べると命の扱いが軽く、なおかつその軽さは年齢に反比例する。具体的には、成人年齢である18歳を境に大きく下がり、その後年を追うごとに目減りしていく」

ということが言えるのです。

一方で「年齢と命の重さが反比例する」という問題は、女性側ではあまり見られません。

たしかに年齢を重ねると周囲（とくに男性）が手のひらを返したように冷たくなることや、「おばさん」などと馬鹿にされるケースはあるでしょう。35ページで取り上げたように、「手助けを受けている」と答えた女性の人数は、加齢に伴って70代までどんどん減っていっていることからも分かります。

しかし「女性や子どもを優先的に救助する」という場面に遭遇した場合、**「50代の女性」であっても「未成年の女性」であっても、平等に「優先対象」になります。**

もしこれについて、

「将来的に子どもを産む確率が高い、若い女性を優先して救助しよう！」

「まだまだ働けそうな、若年女性を優先的に救助しよう！」

などと救助する側が言ったら、その人は即解雇されるでしょう。

このような、

「加齢により、単純な生命の序列そのものが下がってしまうこと」

という特徴が男性にはあるのです。

このことから、

「中年期の発達課題である『世代継承性』の概念から、若者に自分の技術や意志、価値観を継いでもらおうと思うようになること」

「男性は、年を取れば取るほど、有事の際は若者のために命を捨てるべきであるという感覚を私たちが持っていること」

の2点が、漫画やアニメにおいて「若者のために命を捨てるのは、中年男性ばかり」という状況を生み出していると考えられます。

もちろん、女性の場合もよいことばかりではなく、

「死ぬまで女性として扱われるということは、裏を返せば〝女性だから〟という呪縛から死ぬまで逃れることができない」

という問題があります。具体的には、

「若いうちから夫を支えてきたのに、定年後も夫を支える羽目になる」

「いくつになっても〝女だから〟という理由で出世が遅れる」

などが挙げられます。

「年を取るにつれて命が軽くなる男性」

「年を取っても扱いが変わらない女性」

現実世界におけるそれらの男女の違いが、フィクションの世界にも表れているのです。

■まとめ

中高年男性が「次世代のために」犠牲になる展開が多いのは、中高年の発達段階における「世代継承性」が関連しているとも考えられる。また、男性は女性に比べて年齢とともに命の序列が軽くなりやすいことも、「若者」のために命を投げうつ場面が多くなる理由と考えられる。

【第1部　第13節】

なぜ「胃痛が持病のキャラ」は男性ばかりになるのか？

主人公や他の登場人物に何かと気を遣う苦労人キャラには色々なタイプがいますが、「面倒見がいいが、それにより心労により胃痛を持っている」というキャラは、なぜか男性ばかりです。そこには男性が抱えやすい「責任の重さ」が表れていると考えられます。

■女性キャラで「胃痛」が持病のキャラクターは、男性に比べると少ない

いきなりですが、みなさんにお聞きしたいと思います。
ずばり、みなさんにとって漫画の魅力とは何でしょうか？
重厚で先が読めないストーリーでしょうか？

美麗で言葉を失うような、素晴らしい絵でしょうか？

自分の願望を満たす、素敵な世界観でしょうか？

色々あるでしょうが、そのうちの一つはやはり、個性豊かなキャラクターでしょう。

漫画のキャラクターは基本的に現実世界の人間に比べて、性格を誇張して描かれています。

しかし、そのようなキャラクターばかりでは、ストーリーは進まないもの。

そこで登場するのが、現実離れしたキャラクターたちを調整する「苦労人キャラ」です。

この「苦労人キャラ」には、

「熱血タイプの主人公に振り回されつつも、その後始末をするキャラクター」

「常識にとらわれないキャラが多すぎる中で、常識人ポジションのキャラクター」

「様々な責任を負わされて、それらの対処をしなくてはいけない立場のキャラクター」

などがあり、**全体的に男性に割り当てられやすい**傾向があります。

時に**ストレスで胃を悪くしたり、胃薬を飲んだりするキャラクター**についてはとくにその傾向が顕著です。

たとえば、

・主人公の猪名寺乱太郎らが所属する「一年は組」の生徒たちの言動により、いつも神経性胃炎に悩まされている、『落第忍者乱太郎』（作：尼子騒兵衛）の「土井半助」
・後輩に優しく、郷里の人たちにも親切な頼れる兄貴分だが、その分、気苦労が多く胃痛に悩むシーンが目立つ、『3月のライオン』（作：羽海野チカ）の雨男「島田開」
・ヒーローが協会から給料をもらって平和を守る世界の中で、数少ない「まとめ役ができるヒーロー」なせいで、責任者役を押し付けられ、胃薬ばかり飲んでいる、『残念女幹部ブラックジェネラルさん』（作：jin）の「シリアスグラス」

と、男性ばかりが挙がります。

フィクションの世界には女性の「苦労人キャラ」もたくさん出てきますが、「胃痛持ち」のキャラクターはさほど多くありません。

そうなる理由として考えられるのが、

「私たち読者が、そのようなポジションに男性を割り当てたいと考えてしまう」

ということでしょう。

なぜ胃痛持ちの調整役は男性の方が望ましいと考えるのか。その理由について、今回は「**慈悲的性差別**」の視点から解説を行います。

■いわゆる「まとめ役」が男性に回りやすいことで、責任も男性に集中してしまう

胃痛持ちの調整役が男性ばかりになるのは、もちろんストーリーの展開上必要（たとえば胃痛キャラの職業が男性ばかりの業界であるなど）ということもあるとは思いますが、やはり、「**男性の苦労人キャラは人気が高いから**」ということが大きな理由になるでしょう。

正直なところ「苦労人ポジション」は女性人気が高く、

「イケメンの男性が苦労する姿を見るのが尊い」

「熱血漢の男性に振り回されて、苦労するキャラクターが尊い」

といった根強い需要があるようです。

しかし、理由としてはそれだけではなく、

「**女性がストレスで胃を痛めている姿は見たくない**」

「**ストレス負荷の高い〝まとめ役〟〝調整役〟の仕事は女性には任せるべきではない**」

という意識が読者側に存在していることも、フィクションの世界に表れているとも考えられます（このような、**相手のことを思いやることによって差別的な行動をすることを「慈悲的性**

差別」と呼びます）。

一方で、このような「胃痛キャラ」は、いわゆる「まとめ役」あるいは「リーダー」のような高い立場に就く場合も多く、実際、彼らはグループ内ではある意味で「権力者」のポジションを持っているともいえます。

そのため、

「ストレスの高い仕事は基本的に〝責任ある仕事〟になりやすく、それが男性に偏りやすい」ともいえます。そうした**私たちの持つ「慈悲的性差別」の意識が、男性キャラにばかり胃薬を飲ませる原因になっている**と考えられます。

ただ、

「責任が重く、その分ストレス負荷が高い仕事が男性に回りやすい」

という状況が続いてしまうと、

「**責任を押し付けられた男性側が『自分たちはこんなに苦労しているのに、なんで女たちは楽ばかりしてるんだよ……』と、女性に嫉妬の目を向けてくる**」

「**女性側は自分たちの意見が通らず、男性優位な職場で働くことを余儀なくされてしまう**」

と、男女間の対立がますます深まってしまうことにもなりかねません。

だからといって、

「女性も男性と同じくらいきつい仕事をやるべきだ！」

と叫んでも意味はないでしょうし、フィクションの中で「胃潰瘍で入院する女性」が増えたところで、喜ぶ人はいないでしょう。

そもそもの前段階として、

「仕事とは血反吐を吐きながら、必死でやらなければならないもの」

「責任がある立場の者は、絶対に失敗が許されない」

といった風潮がいまだに日本に根付いていることも遠因と考えられます。

そのような意識が軽減されていけば、そもそも「胃痛に悩むキャラクター」という概念自体が過去のものになっていくかもしれません。

■まとめ
いわゆる「苦労人キャラ」が男性に集中してしまう理由として考えられるのは、単に「苦労人の男性」の人気が出やすいこと以外にも「ストレスの強い仕事は女性に回すべきでない」という慈悲的性差別の意識が読者の根底にあり、それが作中にも表れているとも考えられる。

【コラム】
『理解してもらうための努力』を『歩み寄る』とは言わない

ここまで読んでいただいた中で、

「男性にも女性にも生きづらさがあり、その質はまったく異なるものである」

ということが分かっていただけたのではないかと思います。

巷には「男性も女性も生きづらさを抱えているのだから、お互いに歩み寄らないといけない」といいながらも、実際には、

「こちらの生きづらさを相手に理解してもらうためにはどうするか？」

という、いわゆる「相手に理解してもらうための努力」を解説する記事がよくあります。

しかし、**お互いが歩み寄るために本当に大事なのは「理解してもらうための努力」ではなく「理解する努力」**です。

ここで一つ例を出しましょう。

ここにクラスで人気の女の子がいたとします。

彼女にA君とB君、二人の男の子が告白しましたが、彼女からは、

「ちょっと考えさせてほしい」

と言われました。

これを聞いたA君は、

「きっと彼女には、僕の気持ちや魅力を理解してもらえていないんだ！　だから、もっと自分が彼女を好きなことや、自分の凄いところを伝えるようにがんばらなきゃ！」

と考えました。

そして、自分がいかに彼女のことを思っているのかを歌にして伝えたり、自分と付き合うことといかに素晴らしいか、どんな面白い場所にデートに連れて行けるのかを熱心に語りました。

一方でB君は、

「きっと彼女の理想に、まだ自分は追いついていないんだ！　彼女のことをもっと理解して、彼女にとって理想の男になるためにがんばらなきゃ！」

と考えました。

そしてB君は、まずは友達として彼女と接することから始めました。

その中で、彼女が好きな音楽や映画などを理解しながら「彼女が好きそうなデートスポッ

ト」を理解してデートに誘うほか「理想的な距離感」を理解し、それを保つようにしました。

……さて、みなさんはどちらの男の子に魅力を感じるでしょうか？

答えは、B君ですよね。

A君は、自分のことを「**理解してもらう努力**」を行っていますが、それは言ってしまえば、

「**いかに自分の意見を相手に受け入れてもらうのか**」

という目的を通すための手段でしかありません。

これでは、相手もA君のことを理解しようとは思わないでしょうし、仮に理解したとしても、

「**自分だけが正しいと思ってる、独善的で面倒なヤツ**」

という印象を持たれるのが関の山です。

一方で、B君は相手のことを「**理解するための努力**」を考えています。その中で、

「**相手を理解して、自分ができることをしていこう**」

と考えて、女の子に接するようにしています。

この二人のやり取りからも分かるように、

「**自分の気持ちを相手に伝えるには、まずは相手のことを理解すること**」

が非常に重要です。

第2部
女性キャラクターにまつわる法則 編

ここでは主にサブカルに登場する「女性キャラクター」の扱いから、現実世界の女性に対して私たちが持っている意識や、女性自身が抱えやすい価値観について解説を行います。漫画やゲームなどではいわゆる「お約束」になっているものも多いので、意識していないと「そういえば女性キャラって、○○なタイプがいないよね」ということに気づくことは難しいかもしれません。「ああ、そういえばそういうの、あるよね！」と軽い気持ちで読んでいただければ幸いです。

【第2部 第1節】

なぜ男性向け「異世界もの」の題名に「俺」がよく入るのに、女性向け作品の題名に「私」が入ることは少ないのか？

近年、サブカル界で人気のオンライン小説。そのタイトルには、不思議な特徴があります。男性向けの作品のタイトルには〝俺〟がよく入るのに、タイトルに〝私〟という言葉が入る女性向け作品はほぼないのです。そうした違いはなぜ生まれるのか、ここではその原因を考えてみましょう。

■女性向け作品のヒロインは「裕福な環境」出身で「平凡な能力」を持つものが多い

最近のサブカル作品と、いわゆる古典物語。

両者のタイトルを見比べて、決定的な違いがあることに気づきませんか？

……そう、古典物語のタイトルに「**一人称代名詞（たとえば、俺や私、僕など）**」が入る作品はほぼないのですが、最近のコンテンツ（特に異世界もの）では〝俺〟が入るものがたくさんあるということです。

もし、『桃太郎』や『アリとキリギリス』に現代風なタイトルをつける場合、上のようになるでしょう。

・『桃太郎』→『動物をキビ団子で使役できるチートなテイマースキルの俺、孤島の鬼から財宝を分捕りに行きます』

・『アリとキリギリス』→『夏に遊んでばかりいるキリギリス、働く俺を馬鹿にしていたがもう遅い。冬に暖かい部屋で苦しむあいつらを見ながら送る、ざまぁ系スローライフ』

作品の内容を露骨に描写すると我ながらえぐいタイトルになりましたが、こうやって「異世界風」のタイトルをかんたんに作れるということは、私たちがフィクションに求めるものは、昔からあまり変わっていないということなのでしょう。

さて、この「タイトルに俺が入る現象」なのですが、ほとんどの場合、男性向けのコンテンツであり、**女性向けのコンテンツにはあまり見られません**。

具体的な作品の例を挙げると、

・『100万の命の上に俺は立っている』（原作：山川直輝、作画：奈央晃徳）
・『この勇者が俺TUEEEくせに慎重すぎる』（作：土日月）
・『俺だけレベルアップな件』（原作・原案：Chugong、作画：DUBU）

などがあるでしょう。

そのひとつの理由として考えられるのが、物語の構成の違いです。

男性向けの「異世界もの」は、はっきり言ってしまうと、

「**高い資質を持つ者が成り上がる**」という物語が多く、「**環境や居場所を得る過程**」が物語に組み込まれる傾向があります。

大貴族に転生した主人公が、その恵まれた圧倒的な能力を使ってハーレムを作ろうとする『侯爵嫡男好色物語～異世界ハーレム英雄戦記～』（原作：AL、作画：GEN）などは、その典型的なものでしょう。

一方、女性向けのコンテンツは、

「自身を取り巻く環境の中で、容姿・能力に恵まれた男性たちとともに奮闘する」

という〝環境〟を中心とした物語になる傾向があります。

その代表的な例が、「悪役令嬢もの」でしょう。

たとえば『乙女ゲームの破滅フラグしかない悪役令嬢に転生してしまった…』（作：山口悟）のヒロイン、カタリナ・クラエスは「元の世界で嗜んでいた乙女ゲームの世界に転生しており、かつ自身は悲惨な最期を迎えるキャラであったため、その最期を回避するために努力する」という立ち回りを演じます。

「悪役令嬢もの」は、

- 物語の開始時点で特権階級、あるいはその侍女など特権に近しい地位にいる
- ただし、近い将来に破滅する未来が待ち受けている
- そのことをヒロインは知っており、それを回避するために東奔西走する

という場合が多く、

「冒頭の時点で比較的恵まれた環境を持つが、本人の能力自体は割と平凡で、かつ大きな爆弾が近い未来に控えている」

という物語上の特徴があります。

女性向けの「異世界もの」のヒロインは、必ずしも強力な能力を持っておらず、**「自分の居場所を他者との関わりで維持しようとする」**という動きを見せます。

これは**〝自身の能力によって成り上がる〟ことを目指す男性向けのコンテンツとは対称的**ともいえるでしょう。

ではなぜ、女性向けの「異世界もの」では、男性が好む「スタンドプレイが得意なチートキャラ」よりも「他者と協力して問題を解決するキャラ」の方が好まれるのでしょうか。

その理由について今回は「女性が理想とするヒロイン像」と、それが作られる背景について考察していきましょう。

■強力な暴力で「女体」を手に入れることは出来ても「友達」は手に入らない

なぜ女性向けの「異世界もの」は、「俺」を中心とした物語が少ないのか。

その背景には、女性は「**個人の強力な能力や出自だけでは解決できない課題に直面しやすい**」という問題があると考えられます。

悩みやストレスの原因

「令和4年度 健康実態調査結果の報告」（厚生労働省ホームページ）より

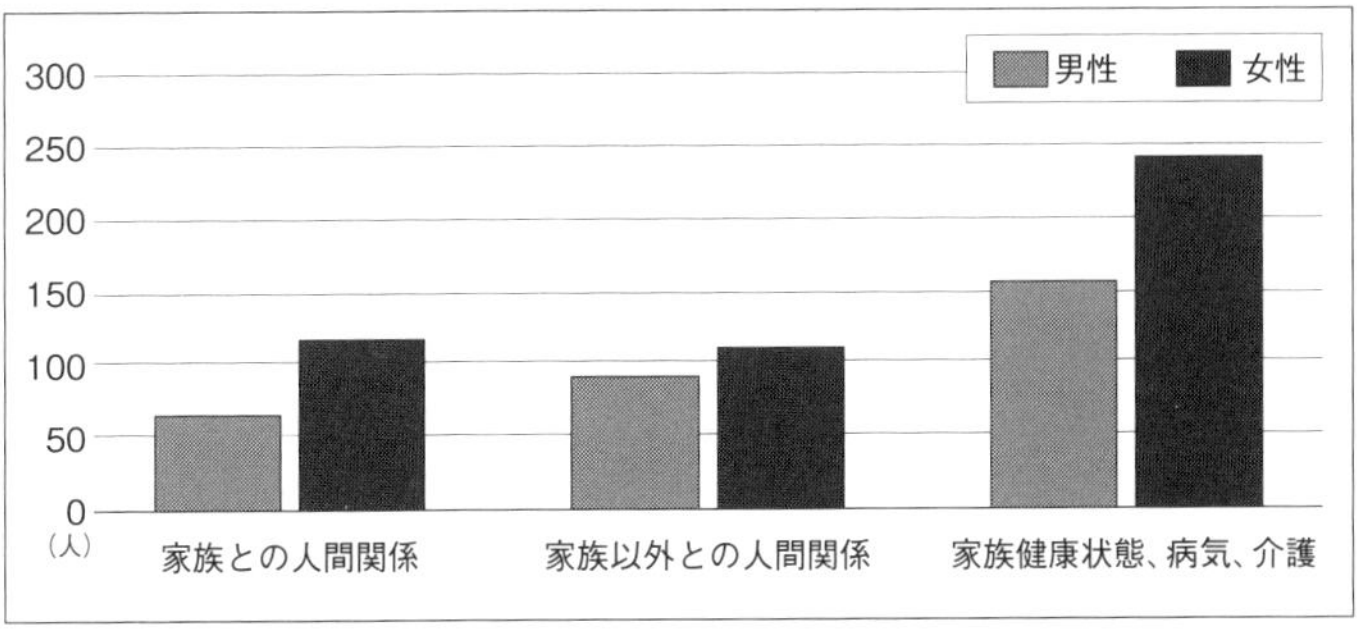

Point : 男性よりも女性の方が人間関係で悩んでいる傾向が強い。

そう聞くとみなさんは、

「チートな能力があっても解決できない問題って、どういうものだろう？」

と思うかもしれません。

答えはとても簡単です。それは「**他者との人間関係**」です。

どんなに強力なパワーがあっても、他人の心を動かせるとは限りません。

「なあ、彼女？　俺、隕石落とせるんだぜ？」

などと言って、手のひらやら足元に魔法陣か何かを浮かばせながらナンパする男性がいたとしても、その発言を聞いて「きゃあ、素敵！」と恋に落ちる女性はまずいないことでしょう（そのためか、男性向けの『異世界もの』は「**強い暴力に守られないと、女性が生きていけない世界**」を舞台にすることが多いです）。

そのように一筋縄ではいかない人間関係ですが、一般的にいって人間関係にまつわる悩みは、男性よりも女性の方が多く抱えがちです。

男性は女性と比較すると、人間関係が希薄になりやすい傾向があります。「家族との付き合い」だけでなく、「同性の友人」といった関係性にもさほど重きを置かないため、自身が高い職位にあり、なおかつ良好な関係のパートナーに恵まれている場合は、人間関係に対する不満や悩みを持ちづらい傾向があります。

一方、女性は男性に比べると、「家族との付き合い」や「同性の友人」との関係をより大切にします。**本人は望んでいないのに、他人に好意を持たれて近づかれる「負の人間関係」**も男性より多く抱えやすい傾向があります。

事実、それは国の調査を見ても明らかです。上記のグラフは厚生労働省の調査報告をもとに作成したものですが、「家族との人間関係」「家族以外との人間関係」のいずれの場合でも、**女性の方が男性より悩みを抱える人数は多くなっています**。また、家族の健康状態、病気や介護で悩む方の男女差を見ても、同様に他人のことで悩むことは女性の方が多いことを示しているとも言えるでしょう。

以上のことから、

「**女性には自身の能力では解決できない人間関係の悩み**」

を持ちやすいという背景があり、そのことが、「**周囲の環境を整えていくことで、みんなで問題を解決する**」

という、ストーリーが増える要因になっていることがうかがえます。

くわえて、人間には「**類似性の効果**」といって、自分と似た部分のある人間を好む傾向があります。ヒロインが悩み、苦しみながら人間関係を構築していく姿が読者の共感を呼び、支持されるという点も、そうした作品が多くなる理由のひとつになっていると考えられます。

そうした場合、物語の中心になるのは「私」ではなく、「環境」です。そのことから女性向けの「異世界もの」のタイトルに「私」が入るものが少ないと考えられるのです。

■まとめ
女性向けのタイトルに「私」が入らない背景に、女性は人間関係という自分一人では解決できない問題に直面することが多いことがある。そのため、人間関係の問題を他者との協力で解決するヒロインの人気が出ることが「自分を中心とした物語」になりづらいことが原因と考えられる。

【第2部　第2節】

なぜ、男性向け漫画のヒロインは、「すっぴん」で何日旅しても髪がべたつかないのか？

女性はその外見を維持するために、日々多くの時間を費やしています。しかし、「異世界もの」の女性は、そうした手間を一切かけず〝常に美しい状態〟を保ち続けることができます。そこには、男性には理解されにくい女性の苦労があります。

■「まつげの長い女性」が出るのはたいてい女性向け漫画である

もし、現実世界のヒロインが本当に異世界転移して、いわゆるゲーム的世界の「勇者」や「聖女」と旅をしていたら、きっとこんなやりとりがあるでしょう。

ヒロイン：ああ、もう！　イライラする！
聖女：どうしたのですか？
ヒロイン：もう砂漠を旅して3日目でしょ！　お風呂に入れないし、体が汗まみれで気持ち悪いのよ！　パーマも取れてきちゃったし……。
聖女：うーん……。私は別に気になりませんけどねえ……。
ヒロイン：**なんであなたは何日旅しても、そのふわふわブロンドウェーブが崩れないのよ！**
天然パーマにしても、不自然でしょ！
聖女：それが普通じゃないのですか？　ところであなた、頭に香油でも塗ったのかしら？　べたべたして、臭い……じゃなくて、香ばしい匂いがしていますけど？
ヒロイン：（ピクッ）あんたみたいな聖女様には永遠に分からないわよ。お化粧も崩れてきたし、スキンケアもできないでしょ？　夜に保湿できないから肌が傷んできたし、日焼けで赤くなって痛いのよ！
聖女：すきんけあ？　それって、あなたの世界の言葉でしょうか？　初めて聞きましたわ。
ヒロイン：（ピクピクッ）そりゃ、**砂漠の下で日傘もささないのに、シミもそばかすもできないあんたには分からないでしょうね！**

聖女:ご、ごめんなさい……。あ、三日前から別行動していた勇者が戻られましたわね。
勇者:ただいま、聖女。……それと……えっと、どちら様ですか?
ヒロイン:ヒロインよ。分からないの?
勇者:ああ、ゴメン。……ところでお前、呪いの装備でも身に着けたのか?
ヒロイン:どうしてそう思うの?
勇者:**顔色が悪いし、肌つやもよくない。**急に老化したようだから、驚いてな……。
ヒロイン:(ブチッ)……あんだと、喧嘩売ってんのか、こら!! 身なりが汚えってのが、そんなに悪いのかい、べらぼうめ!! ぶっ飛ばすぞ、てめえら!!

……とまあ、このような展開になるかもしれません。

この小話にあるように、男性向けのコンテンツに出てくるキャラクターは、外見の維持に心を割かなくとも美しさをキープしている場合が多いものです。

特にファンタジーでは(作者が中世の化粧文化がわからないのでごまかしている、ということもあるかもしれませんが)美容の維持に関する描写は適当になりがちです。

「外見のケアへの男女の関心の違い」は、作品における化粧道具の扱いにもはっきりと表れています。

女性向けのコンテンツの場合、化粧のシーンはかなり頻繁に出てきますし、たいていの女児向けアニメでも、ヒロインのため（もとい、スポンサーのため）の変身グッズやお助けグッズとして登場します。

有名どころとしては、

・『夢のクレヨン王国』の「おまじない香水びん」
・『Ｇｏ！ プリンセスプリキュア』の「プリンセスパフューム」
・『美少女戦士セーラームーンＳ』の「コズミックハートコンパクト」
・『ひみつのアッコちゃん』の「テクマクマヤコン」で知られる「コンパクト」

などがありますが、男性向けコンテンツでは女性キャラの化粧するシーンはほとんど出てこず、化粧道具が登場してもせいぜい「口紅」「香水」など男性が性的魅力を感じるグッズ程度。「つけまつげ」「ファンデーション」といったものは、ほぼ出てくることはありません。

これらのことからわかるのは、

女性向けの作品には、

「女性は、化粧をすることでより美しくなる」

という心理が表れている一方で、男性向けの作品では、

「女性は、化粧もスキンケアをしなくても美しいものである」

とされていることがわかります。

このような「女性キャラ、身なりに気を遣わなくてもも美しいままでいられる現象」がなぜ起こるのか。

これらについては、特に男性が持つ「女性像」に関する価値観、そして**「フォールス・コンセンサス効果」による女性に対する「意識のバイアス」**が表れていると考えることができます。

■「完全体」の女性を「自然体」と勘違いする男性が多すぎる

なぜ、男性向け漫画では女性が化粧をしたり、化粧を落とすシーンがあまり描かれておらず、何日旅をしていても髪がサラサラなのか。

これはひとえに男性側が、

「自分が普段見ている女性は、一切努力をしなくとも現在の状態を保つことができている」

という思い込みを持っているからと考えられます。

人間には「フォールス・コンセンサス効果」という**「自分の取っている行動は、ほかの人も**

男女の美容院の利用状況

「【美容センサス 2023 年上期】〈美容室・理容室編〉」（リクルートホールディングス）より作成

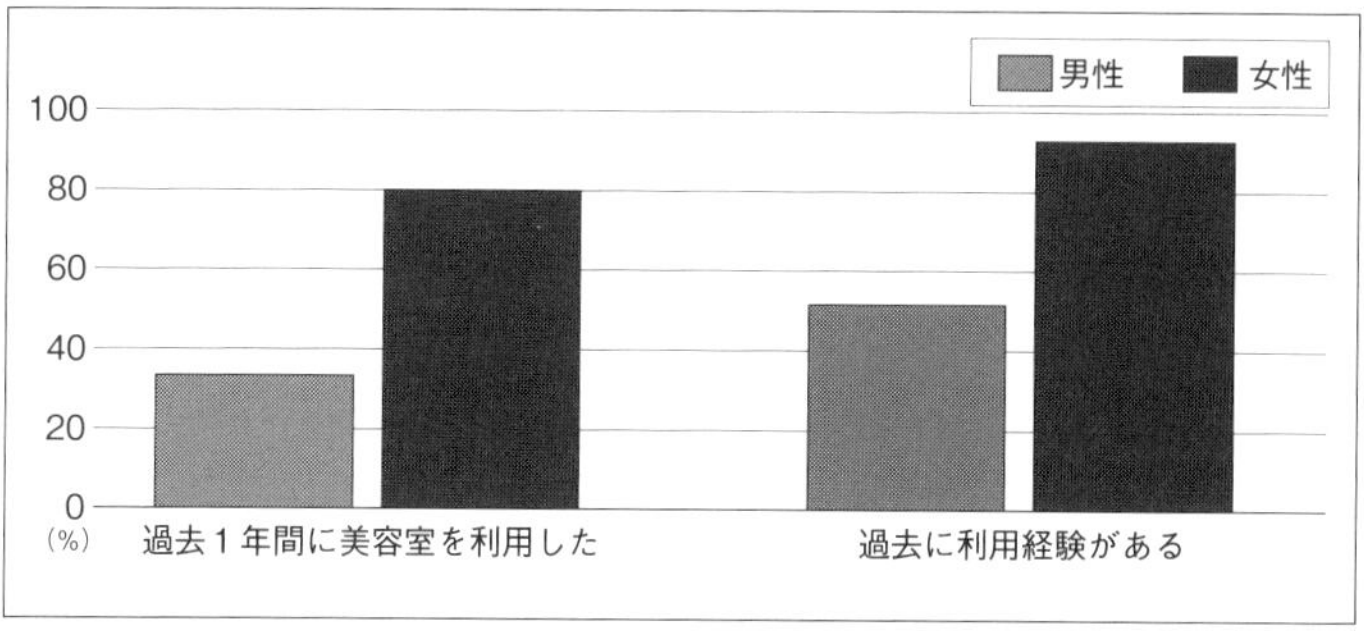

取っているだろう」と考える傾向があります。

普段から身だしなみに気を遣うことが少ない男性は、この効果から、

「女性も自分と同様、あまり普段から身だしなみに気を遣っていないだろう」

と考えがちです。そのため、作中で身だしなみを整えるシーンを省略されても、なんの疑問も持たないと考えられます。

そうはいっても、

「いや、自分はそんなに自己中心的に考えていないし……」

と思う方も多いでしょうから、ここで身だしなみの中でも「美容室の利用」並びに「ネイルサロンの利用」に関する統計調査を見てみましょう。

リクルートの調査によると、男性のうち過去1年以内に美容室を利用した人の比率は、調査母数の33・

9％です。そして**「利用経験」が過去にある人を見ても、50・4％**と半数程度にとどまります。

女性読者や普段から身だしなみに気を遣っている男性からすると、

「え、そんなに少ないの？」

と思うかもしれません。

しかし、実は女性の間でも身だしなみにかける費用は大きく異なっています。

リクルートによる同じ調査では、「ネイルサロン」の利用に関する統計も発表されていますが、過去1年に利用した女性は8・3％、過去に利用したことのある女性を見ても23・5％です。

その一方で、**ネイルサロン利用者の23・0％が「年12回以上」という高頻度で利用**していることがわかります。

このことを知って、

「もっと利用している人が多いと思ったけど……」

「そんなに頻繁に行く人がいるなんて……」

と思った方もいるかもしれません。その気持ちこそが「フォールス・コンセンサス効果」といえます。

身だしなみにかける考え方は、人によって大きく異なります。しかし、多くの人は自分の物差しが「平均」だと思ってしまうもの。

ネイルサロンの美容院の利用状況

「【美容センサス 2023 年上期】〈美容室・理容室編〉」（リクルートホールディングス）より作成

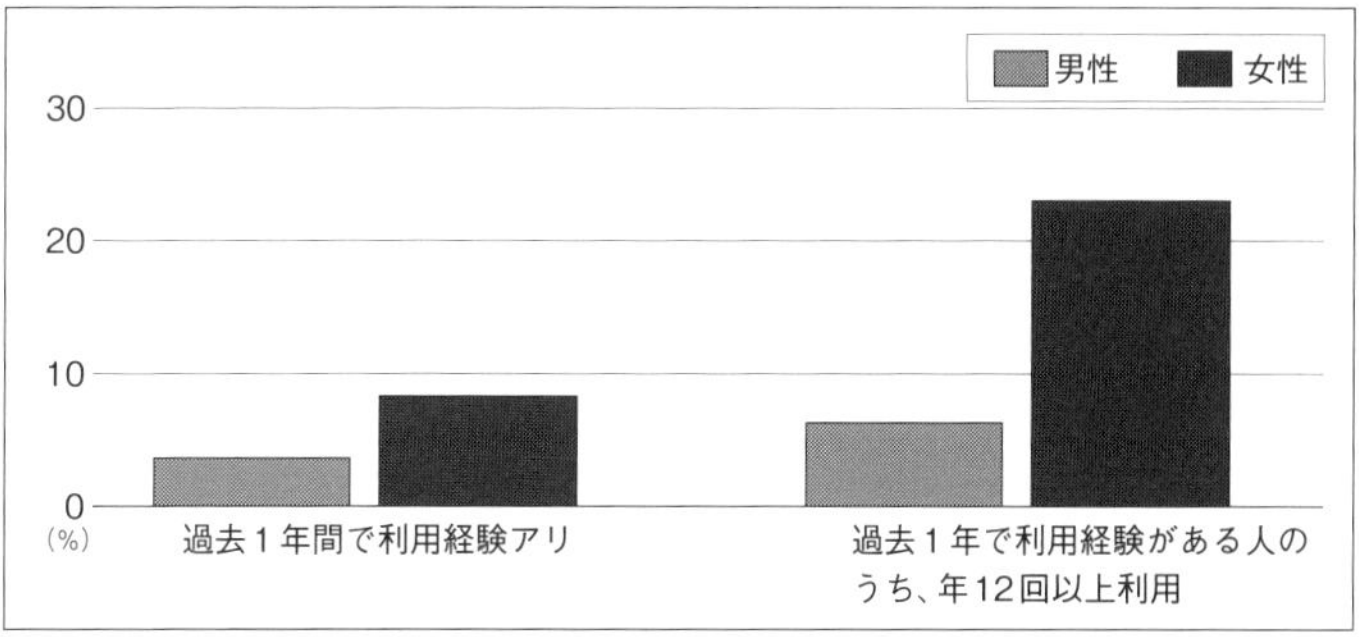

Point：女性も過去１年で８％程度しかネイルサロンは利用していない。

この「誤った思い込み」があることが、男性向けコンテンツに出てくる女性キャラが〝常にきれいなまま〟にしていると考えられます。

しかし、そのような「誤った思い込み」を持ってしまうと、大きなトラブルになる可能性もあります。

たとえば、よく婚活などで、

「**彼女の自然体なところが気に入った**」

といった発言を男性がすることがあります。

しかし、実際にその男性が見ている女性の「自然体」は、

「日ごろから、高いクレンジングオイルを使って化粧を落とし、洗顔してから化粧水をつけ、肌の保湿に気を使ってパックを貼って、デート当日は限定品の珍しいルージュを引い

て、マスカラも近くの薬局で買い直して、美容院でバカ高い金を払ってふんわりパーマをかけてもらった状態」

である可能性も十分にあります。

特に男性は「ベースメイク」や「保湿」「ヘアケア」といった概念を持ち合わせていないケースも多いため、

「え、女性の化粧って、普通に顔洗って口紅塗るだけじゃないの？」

などと言い出すような人がいるかもしれません。

しかし、実際の化粧の工程はそれだけではありません。

女性の化粧時間には、朝晩のスキンケアや保湿、化粧落としなど**「化粧をしない時間」も含まれる**、ということを理解していない男性が多くいます。そのため、デートに現れた「完全体」を見て、それを「自然体」だと勘違いしてしまうのです。

女性が「完全体」を維持するために普段かけている労力や大変さに目を向けないと、結婚して仕事が忙しくなったり、子どもができて育児に追われたりするようになって、パートナーが本当の意味での「自然体」になった時、

「**最近オシャレサボっていない？**」

「**結婚前はあんなに可愛かったのに……**」

などと爆弾発言を口にしてしまい、妻の怒号と共に皿が舞い、窓ガラスが割れる素敵なショーが開催される……ことになります。

人間はどうしても「フォールス・コンセンサス効果」によって、自分のルールを相手に当てはめがちです。男性読者は「女性の化粧にかける時間や手間」を意識しないため、必然的に作品でそういったシーンが省略されてしまっているのでしょう。

最近では、男性用のコスメやスキンケア用品が多く売られており、男性の美容への意識も高まってきているため、美容に詳しいヒーローが登場する日というのもそう遠くないのかもしれません。

■まとめ
男性向けコンテンツにおいて、女性が身なりに気を遣わなくても「常に美しいまま」なのは、読者が『自分が身なりに気を使っていないから、女性もそうなのだろう』と思い込んでいるから、とも考えられる。このような現象を『フォールス・コンセンサス効果』と呼ぶが、このバイアスを自覚しないとトラブルになりやすい。

【第2部　第3節】

なぜゲームのプレイヤーキャラクターは、男性の年齢は幅広いのに女性は若い層に集中しているのか？

多くのゲームでは、プレイヤーキャラクターは男女比が比較的整っています。しかし、年齢層を見ると女性は「見た目年齢が25歳まで」である場合がほとんどで、男性ほど多様性がありません。その背景には、いまだに強い「性役割」の影響が見られます。

■ゲームの「女性キャラクター」は、20代前半で「最年長」になる

ＲＰＧの主人公はたいていの場合、ハイティーンです。ゲームのメインターゲットがその年代と想定されるので、そのこと自体は決しておかしくはありません。

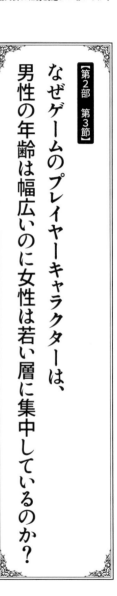

しかし、ほかの「プレイヤーキャラクター」はどうでしょうか。

たとえばRPGの場合、**30代や40代、さらに60代の男性キャラが味方ユニットに入ることは多いですが、女性キャラは23歳あたりで大きな壁があります**（154〜155ページの表参照）。

また、女性のプレイヤーキャラクターは外見と年齢が一致しない場合が多く、

・ウイルスや神様の加護など、なんらかの外的要因によって成長や老化が止まっている（『テイルズオブシンフォニア』の「プレセア・コンバティール」など）
・エルフをはじめとする長寿な種族である、人間のような老け方をしない種族であるなど見た目が変化していない（『ファイナルファンタジー11』の「シャントット」など）
・現時点では理由は明かされないが、見た目年齢が若い頃とほぼ変わっていない（『バイオハザード6』の「エイダ・ウォン」など）

など、「**見かけ年齢は、ほとんど年を取っていない**」場合がほとんどです。

ストーリー上の立ち位置でも、女性の場合は20代前半くらいから「大人っぽいお姉さんキャラ」のポジションに収まるようになっています。

いったいどういうことかというと、本書を執筆している2023年時点で、

と最年長キャラクター

男性最年長キャラ	女性最年小キャラ	女性最年長キャラ
クラース・F・レスター（28歳）	藤林すず（12歳）	**ミント・アドネード（18歳）**
テラ（60歳）	ポロム（5歳）	**ローザ・ファレル（19歳）**
ガラフ・ドウ（60歳）	クルル・マイア・バルデシオン（14歳）	**ファリス・シェルヴィッツ（20歳）**
ストラゴス・マゴス（70歳）	リルム・アローニィ（10歳）	**ティナ・ブランフォードほか（18歳）**
バレット・ウォーレス（35歳）	ユフィ・キサラギ（16歳）	**エアリス・ゲインズブール（22歳）**
アデルバート・スタイナー（33歳）	エーコ・キャルオル（6歳）	**フライヤ・クレセント（21歳）**
ケネス・J・サリバン（45歳）	レベッカ・チェンバース（18歳）	**ジル・バレンタイン（23歳）**
クーゲル・リヒター（45歳）	ナタリエ・コーデリア（16歳）	**キリー（23歳）**
エルネスト・レヴィード（35歳）	プリシス・F・ノイマン（16歳）	**セリーヌ・ジュレスなど（23歳）**
ガミガミ魔王（45歳）	ジルバ（14歳）	**レオナ（21歳）**

RPGのパーティーメンバー、男女別最年少キャラクター

作　品　名	男性最年少キャラ
『テイルズ・オブ・ファンタジア』	クレス・アルベインなど（17歳）
『ファイナルファンタジー4』（最終的な年齢が不明のリディア、フースーヤは除外）	パロム（5歳）
『ファイナルファンタジー5』	バッツ・クラウザー（20歳）
『ファイナルファンタジー6』（人外のウーマロ、年齢不詳のキャラは除外）	ガウ（13歳）
『ファイナルファンタジー7』（人外のレッドXIII、ケットシーは除外）	クラウド・ストライフ（21歳）
『ファイナルファンタジー9』（ビビと年齢不詳のクイナは除外）	ジタン・トライバル（16歳）
『バイオハザード』（主人公とパートナーの所属チームを含む）	リチャード・エイケン（23歳）
『マリーのアトリエ～ザールブルグの錬金術師～』	クライス・キュールなど（17歳）
『スターオーシャン セカンドストーリー』	レオン・D・S・ゲーステ（12歳）
『ポポロクロイス物語II』（ゲーム終了時点。人外のガボは除外）	ピエトロ・パカプカ（15歳）

「2000年生まれの女性が、最年長のお姉さんポジションに収まっている」

ということです。

①年齢が25歳を超えている
②女性主人公

この2つを満たすゲームで筆者が思いつくのは、近未来の世界を舞台に戦闘機や戦車に乗り込んで戦うシミュレーションRPG『ハイブリッド・フロント』の主人公「シャーリラ」（26歳）くらいでしょうか。


一方で男性の場合は、女性よりもはるかに年齢の幅が広く、小さな子どもからおじいさんまで、本当に様々な年代のキャラクターが登場します。

特に先ほどの表でも触れた『ファイナルファンタジー4』では、「主人公以外の操作キャラ全員が、おじさん（35歳、50歳）とおじいさん（60歳）になる場面」などもあるくらいです。

また、キャラクターの性格面でも、30歳を超えているのに「やや子どもっぽく、〝まとめ役〟

にならない男性キャラ」も多くいます。

このような「女性の年齢幅が極端に偏る現象」は戦争物などに出てくる「モブ兵士キャラ」にも見られます。

最近は昔に比べれば多少緩和されていますが、多くの場合、「山賊や将軍はおっさんばかり、女性兵はいたとしても若い女性ばかり」というかたちになっています。

なぜ、このように男女のキャラの年齢幅は大きく異なるのでしょうか。

そこには、いまだに根強く残っている男女の性役割の影響があると考えられます。

■「中年女性」がゲームに出ないのは、世間の「母親」に期待する役割の表れ？

当たり前の話ですが、人間は「みんなからよく思われたい」と考えるものです。

そのため、質問を受けたら、「社会的に望ましいと思われる回答」をしてしまいがちです（これを「**世間体バイアス**」と呼びます）。

コンプライアンスが声高に叫ばれる昨今、

「女性はやっぱり若い方がいいよな～」

など面と向かって主張するような人はさすがにほとんどいなくなりましたが、それでも本音をいえば、

「商業的な成功を考えると、男性プレイヤーが好む若い女性を出した方がいい」

といった事情から、女性キャラの年代を若年層に偏らせているということもあるのでしょう。

ただ、これは男性プレイヤーに限った話ではありません。

昨今はゲームをプレイする女性も増えています。また、コスプレにおける若い女性キャラクターの需要の高さを鑑みると、女性のプレイヤーも、

「男性のキャラクターについては幅広い年齢を好むが、女性のキャラクターは若いキャラクターを好きになりやすい」

という傾向があるのでしょう。


しかし、そこで疑問がひとつ出てきます。

若い女性キャラが男女ともに人気というのは納得いただけるとは思うのですが、なぜ中年女性や高齢女性の高齢者の操作キャラはほとんど出てこないのでしょう。

中には人気のキャラもいますが、中高年の男性キャラクターの全員が支持されているわけで

はありません。プレイヤーの反応という面から考えても、中年男性枠にひとりくらい中年女性キャラを入れても大きな問題はないようにも思います。

そうした現象は操作キャラだけでなく、

「キャラクター人気を意識しなくていい、モブの山賊Aや兵士B」

についても、やはり（昔ほどではないが）中高年女性の出番が少ないのです。

では、逆にゲームに登場する数少ない中年女性キャラはどういう特徴があるのか、見てみましょう。

彼女たちの特徴は、

「小さい子どものいる女性は、基本的に宿屋や教師など、自宅またはその近くで働いている」

「戦場で戦働きをしたり、世界を駆けまわって悪事を働いたりする女性キャラは独身か子どもがいない」

という場合がほとんどだとわかるはずです。

少なくとも、

「家庭を夫に任せて単身で働いている」

といった中高年の女性キャラはあまり見られません。

そうしたパターンが多くなる原因のひとつに、**男女の「育児と労働の関係」についての意識**

男女の通勤・通学時間と育児時間の差

「令和3年社会生活基本調査」(厚生労働省)より

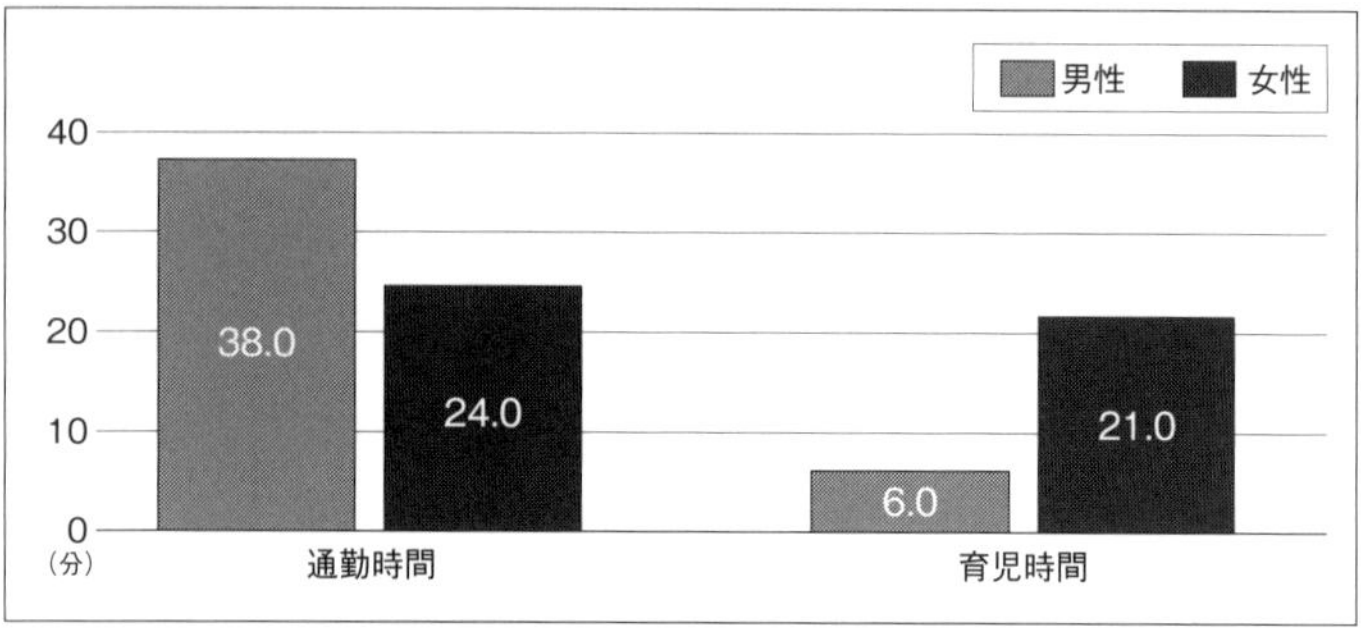

Point : 女性は家の近くで育児を行い、男性は遠方で有償労働に励むことが伺える

の違いが作品に反映されているからと考えられます。

厚生労働省のデータを見てみましょう。

上記のグラフを見ると、男性は通勤・通学時間が長くなっている一方で、育児にかける時間が短くなっています。女性はそれとはまったく逆で、通勤・通学時間は短く、育児の時間が長くなっています。

男女平等と叫ばれるようになって久しいですが、労働に関しては、いまだに男性の方が女性よりも有利になる場面は多くあります。

ただ、その一方で「遠方での仕事」「危険な仕事」は男性が担いがちです。そうした仕事が女性に、とくに子育て中の女性に回ってくることはあまりないはずです。

そのことからわかるように私たちの中には、

「女性は子どもや家の近くにいるべき」

「遠方での仕事や危険な仕事は、男性がすべき」

という心理があります。

そしてその心理が働くことで、

「父親が安全な後方で育児を行うこと」

「母親が子どもをおいて遠方で危険な仕事をすること」

に対して抵抗感を抱く傾向があります。

それらの心理があるために、

「戦闘に出る中年女性キャラや中年女性兵士モブキャラが少ない」

といった現象が起きているものと考えられます。

■まとめ
ゲームのプレイヤーキャラクターで女性の年齢層が偏るのは、プレイヤーの嗜好が表れているだけでなく「女性は子ども＝家の近くにいるべき」という性役割意識がいまだに残っているからだといえる。

【第2部　第4節】

なぜ女性向けの恋愛漫画で「別れ話」はよく出るが、男性向けの作品ではマレなのか？

現実の世界の私たちは「最初に付き合った異性と生涯添い遂げる」とは限りません。それを反映してか、女性向けの恋愛漫画で「パートナーチェンジ」は珍しくないですが、逆に男性向けの恋愛漫画では最初の彼女と別れることはあまりありません。ここでその理由を解説いたします。

■男性向け漫画では、一度付き合いだしたら別れることはまずない

「もう、いい加減にしてくれないか？」

「え、なんのことよ？」

「君の浮気癖だよ！　もう何回目なの？」

「アハハ……。それは言い訳しないけど……本当に好きなのはあんただけだから、ね？」

「そう言われて大目に見てきたけどさ！　がんばって君のためにライブのチケット取ったのに、忘れてほかの男と楽しむのはひどすぎるだろ！」

「えっと……。ごめんね？　今度埋め合わせするから！　あ、ほら、今度あそこにできたカフェでアイスでも食べようよ！　あんたはイチゴ好きだったよね？」

「いままでそうやってごまかされてきたけど、さすがにもう無理だよ！」

「ゴメン、ほんっとゴメン！　心を入れ替えるから許して！」

「そうやって謝れば済むと思ってるでしょ？　とにかくもう別れるから！」

「それは嫌！　絶対に別れたくない！　だから、もう一度だけチャンスを頂戴！」

「分かったよ……。じゃあ、もうこれが最後だからね！」


……いかがでしょう。

いわゆる女性向け漫画によくありそうな「別れ話」を男女逆転させてみましたが、このような展開、男性向け漫画ではめったに見ないと思います。

男性向け漫画では、主人公は最初に自分が好きになった相手か、最初に自分「を」好きになった相手とくっつく場合がほとんどです。

くわえて、

「**一度付き合いだしたら、外的要因以外で別れることは基本的にない**」

ということも特徴です。

具体的な外的要因として一番多いのは「死別」ですが、ほかにも「物語の都合上」など、やむを得ないものがほとんどになります。

仮に、別れ話が出たとしても**基本的に男性は「振られる側」になる場合がほとんどで、「振る側」になることは珍しい**です。

ところが女性向けの漫画の場合には、

「パートナーが変わること」

はよく起こりますし、**内的要因で別れる**ことも多くあります。

具体的には、

「最初は好きで付き合っていたけど、次第にその相手の嫌な部分が見えてきて別れた」

「もっといい相手が見つかったから別れたい」

「パートナーが浮気したから別れたい」

といった展開はよくありますし、ヒロインが「振る側」になることも珍しくありません。

それに加えて、

「**苦手な異性に好かれているから、何とかしたい**」

といった、男性向け漫画には珍しいシチュエーションもよく登場します。

たとえば『凪のお暇』（作：コナリミサト）では、ヒロインは過呼吸になるほどのストレスから会社を辞めて引っ越しますが、そのストレスの原因のひとつにもなっていた元カレが転居先を（当然、アポなしで）訪ねてくる、というシーンがありました。

このように、男性側ではほとんど見られない「嫌いな人と別れたい」というストーリー展開は、なぜ女性向けの漫画ではよく見られるのでしょう。

この２つの違いについて、今回は**男女の「親和欲求」を満たす難易度の違い**について考えながら、解説を行っていきます。

■男性が「女性は人生イージーモード」と思ってしまう理由

男性向けの漫画に「別れ話」が出ない理由としては、やはり、

「**男性は、女性に比べて他者と親密な関係を作る難易度が高い**」

「代わりに、一方的な好意を押し付けられる場面も少ない」

ということが、原因として考えられるでしょう。


とはいえ、このように一口で説明してもピンとこないかもしれませんので、よくネット掲示板などで訴えられることが多い、

「女って人生イージーモードだよな」

という男性の訴えについて考えていきましょう。

彼らがなぜ「女性は羨ましい」と思うのか、正直理解できないという女性は多いと思います。

というのも、女性側からしてみれば、

「ストーカーや変なヤツに絡まれたりすることもないし、就活でも就職しやすいし職場でも優遇される。しかも体力的にも恵まれている上に生理もない。男性の方が得じゃないの？」

と感じるからでしょう。


しかし、このようなギャップが生まれる理由について、「男はバカだから、女の苦労が分かっていない」と思考停止するのは早計です。

男性が「女性特権」について羨む場合、「レディースデイ」「デートの割り勘」といった分か

「女は人生イージーモード」と考える方がイメージする「女性の生活」

・親友と「双子コーデ（二人で似たような服装をすること）」で街のカフェの新商品を楽しむ

・辛い仕事を辞め、穏やかで優しい夫に専業主婦として養ってもらう

・気のおけない女友達に悩みを聞いてもらう

・デートのプランを考え全部出してくれる彼氏に楽しませてもらう

・出会いの場に行くと男性の方から声をかけてくれて、相手の話に笑って頷いているだけで交際が開始する

「女性はつらいんだ」と考える方がイメージする「女性の生活」

・一人で友人を待っている中、しつこいナンパに遭遇する

・旅行先で街を歩いてる時に、怪しいおじさんに声をかけられる

・嫌いだということを伝えても「嫌い嫌いも好きのうち」などとほざきやがる、**端的に言って「バカ」なヤツ**から連絡がくる

・ソロキャンプを楽しんでいたところに意味もなく声をかけてきて、しつこく連絡先を聞いてくるクソったれに遭遇する

・何度別れたいと言っても別れてくれないしつこい男に頭を悩ませる

りやすく物理的な面について語る人は多いと思います。しかし、実際にはそんなものは些末な問題でしょう。

統計データを見ると本当の意味で女性側が有利なのは、他者との関係性を築きやすいこと、すなわち**「親和欲求（他者と親密な関係を築きたいと考える欲求）」を満たしやすい傾向にある**ということがわかります。

やたらと「レディースデイがあるから女はずるい」と訴える男性がいるのも、割引サービス自体ではなく、むしろ「女性だけが周囲から気にかけてもらえている」ことへの不満の表れと考えれば、納得しやすいと思います。

女性が、親和欲求を満たしやすい傾向にあるものの代表が恋愛です。

交際歴の有無について調査した国立社会保障・人口問題研究所のデータ（左ページのグラフ）を確認すると分かるのですが、**恋人との交際歴がある男性は女性より少ないにも関わらず、異性との交際の希望は男性の方が高い**ことが分かります。

このことからも男性は「親密なパートナーを求める傾向が強い一方で、その難易度が高い」ことがうかがえ、そのような部分が、

「女っていいよな」

異性との交際の希望

「第16回出生動向基本調査」(国立社会保障・人口問題研究所)より

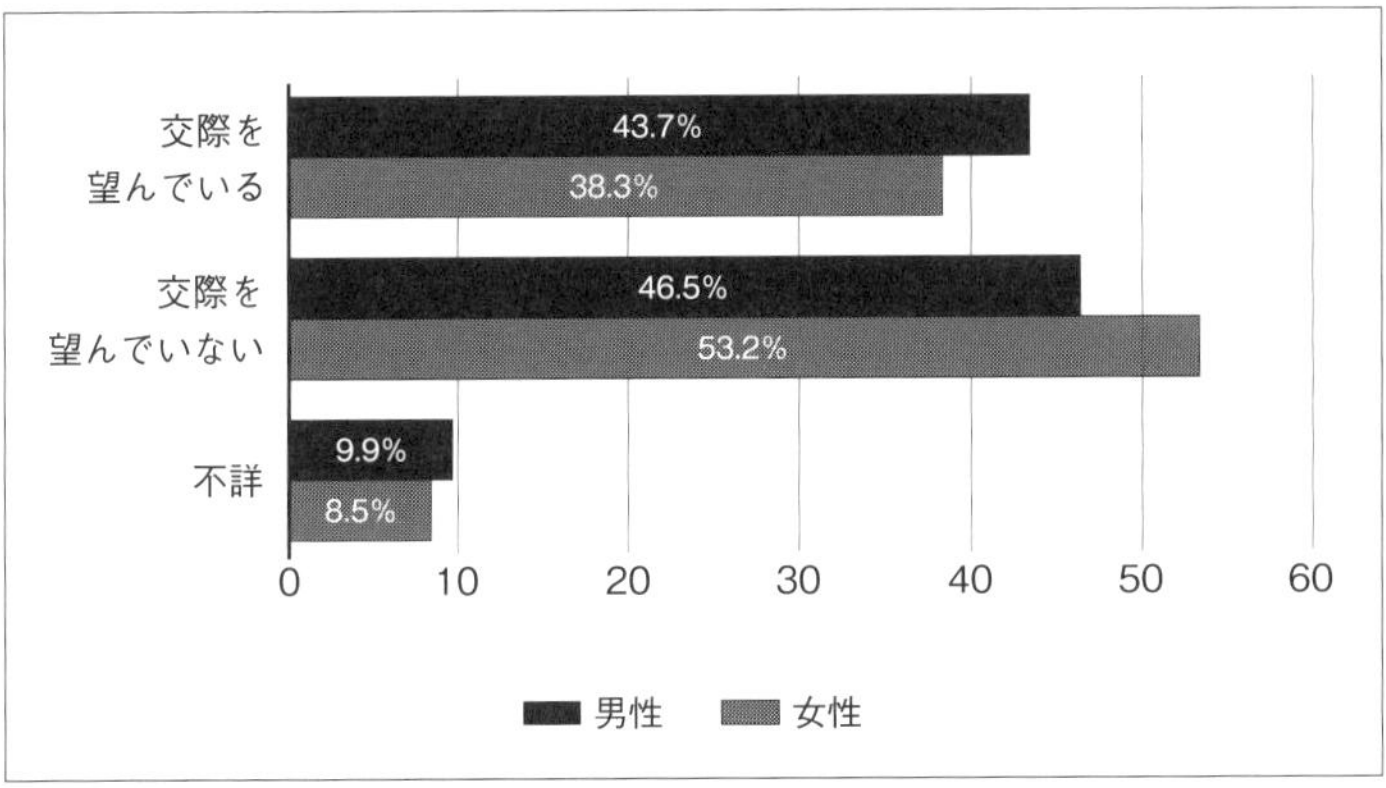

恋人として交際した経験

「第16回出生動向基本調査」(国立社会保障・人口問題研究所)より

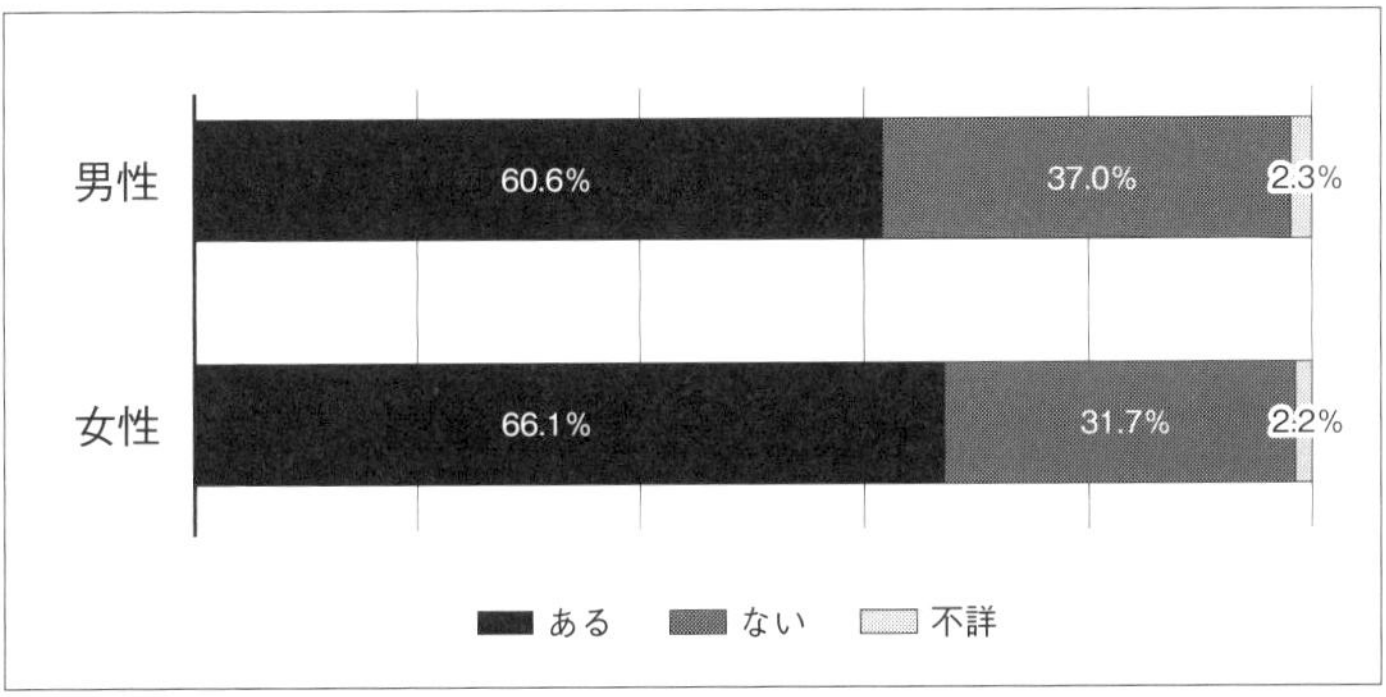

Point : 男性は女性より、恋人が「ほしくてもできにくい」ことが窺える。

という思考になると考えられます。

詳しくは第2部11節（214ページ）で説明していますが、「友人関係」についても、男性より女性の方が強いつながりを持ちやすい傾向があります。そうしたことも男性側からすれば、女性が羨ましく見えるのかもしれません。

一方で、彼らが「女性が他者といる姿」を想像する際には、

「女性が〝自身の（今現在の段階で）好きな人〟と一緒にいる姿」

ばかりが浮かんでいる可能性があります。

たしかに女性の場合は、男性よりも異性から好意を持たれ易いですし、同性である女性からも気にかけてもらいやすい傾向にあります。

しかし、それは裏を返すと、

「〝嫌いな人〟と一緒にいなければならない状況も増える」

ということでもあります。

女性向けの漫画に「別れ話」が多いのは、このように、

「〝嫌いな人〟と一緒にいなければならない状況が、男性に比べて多い」

ということを示しているといえます。

このようなシーンをイメージすることは男性側には難しいかもしれませんが、女性にとってはそれが身近にある、というギャップがあるからこそ、男性向け漫画と女性向け漫画で違いが生まれると考えられます。

■まとめ
女性向けの漫画に比べて男性向け漫画に別れ話のシーンが少ないのは、男性が他者と親密な関係を作るのが女性より難しいことが背景にある。一方で、女性もよいことばかりではなく「嫌いな人間に好意を持たれてしまう」ことが、「別れ話」がよく出てくる原因とも考えられる。

【第2部　第5節】

なぜ漫画に出る「育児するパパ」が「乳幼児の世話」をするシーンは少ないのか？

父親が育児する漫画は昔からありますが、漫画の中で基本的に父親が行う育児は「幼児〜小学生」までの場合がほとんどであり、物語開始時点で乳幼児の世話をすることはあまりありません。このあたりに男女で考える「育児」のイメージに関するギャップが見えてきます。

■パパが育児する物語の子どもはたいてい「幼児〜小学生」である

本書を読んでいるみなさまは、お子様はいらっしゃいますでしょうか？
もしいらっしゃらないのであれば、

「自分が子どもと一緒に過ごしている姿」

を想像してみてください。

……いかがでしょうか。

おそらく今まで近所の子や親戚の子の面倒を見るような経験がなかった方は、

「〝幼児期から学童期の子ども〟と〝楽しい時間〟を過ごす姿」

が浮かんだことと思います。

具体的に言うと、

「子どもと一緒にレストランでご飯を食べる姿」

「一緒にお菓子作りをしたり、キャッチボールをしたりする姿」

「川遊びや花火大会、縁日といった季節のイベントに行く姿」

などではないかと思います。

一方で、普段から子育てに当事者意識を持っている方の場合、もう少し「日常生活で感じる不便なことや大変なこと」をイメージするでしょう。まとめると、左のようになるはずです。


〈あまり子育てに関心のない人の思う「親子」のイメージ〉

・仕事から帰ったら笑顔で「おかえり」と娘に言ってもらえる

・息子と一緒にキャンプで昆虫を捕まえてくる夏休みを過ごす
・さあ、明日は子どもたちとＢＢＱだ！　と言いながら車の整備をする

〈子育てに当事者意識の強い人の思う「親子」のイメージ〉
・子どもが喜ぶ離乳食が売っていないし、作るのも疲れたと愚痴を漏らす
・授乳室がどこ行っても見つからず、慌てながらあたりを見回す

なぜ、あまり子育てに関心のない方の「子ども」のイメージが幼児期から学童期になるかというと、漫画やアニメなどのサブカルチャーが下地にあるからだと考えられます。

育児は、人生の中で多くの人にとって大きなウェイトを占めます。

そのため、育児がテーマになる漫画は数多くあり、「父親が子育てに参加する物語」も最近では……というより、実は昔からなのですが、決して珍しいものではありません。

代表的なものを挙げると、
・海外で出会った少女（詳細は触れられていません）である「小岩井よつば」と二人暮らしをしながら、近所の美人三姉妹や気の合う男友達とキャンプや夏祭りに行くなど「こんな人間

関係を築けたら最高だよな」という気持ちになる『よつばと！』（作：あずまきよひこ）の「とーちゃん」こと「小岩井葉介」

・今更説明する必要もない気もしますが、おそらく日本一有名であろう「子育てするパパ」である『クレヨンしんちゃん』（作：臼井儀人）の「野原ひろし」

・連載開始当時は「男性が料理をする」ということが珍しかったこともあるのでしょう、料理することを隠していたという、今の時代では考えられない行動をとっていた『クッキングパパ』（作：うえやまとち）の「荒岩一味」

などでしょう。

しかし、成人男性が主人公の場合、面倒を見る子どもは**少なくとも連載開始時点では、「幼児期から小学生の子ども」ばかり**です。

また「子どもがすでに大きくなっており、その中で親子関係を問われる」という物語も多いのですが、

「思春期の息子・娘と真っ向からぶつかり合う物語」

は女性向けのものほど多くなく、ましてや、

「乳児期の子どもを必死になって育てるお父さん」

が出ることはさらに少ないです（男性向け漫画で該当するものはほとんど思いつかないくらいです）。

一方で女性向けのコンテンツの場合、『おジャ魔女どれみシリーズ』や『プリキュアシリーズ』といった子ども向けの作品でも乳児を育てるシーンは登場しました。

なぜ、これほどまでに乳児の育児に関する扱いが男性向け・女性向けのコンテンツで異なるのでしょう。

これについてはもちろん、**「男性は母乳が出ないこともあるし、乳幼児の世話は難しい」と考える風潮がいまだに根強くあるから**でしょうが、それだけでは「男性向けの漫画で乳幼児の世話を父親がするシーンは少ない」理由としては少し弱いでしょう。

そこで今回は、あまり育児になじみがない読者層が持つであろう「**外集団同質性バイアス**」について解説します。

■「キャッチボール」や「一緒にお料理」をする年代だけが「子ども」ではない

人間は、自分にとってあまり関係のないものを

「みんな同じようなもの」

としてカテゴライズする傾向があります（これを「外集団同質性バイアス」と呼びます）。

実際、ロボットアニメに興味がない方に「ガンプラ」を見せても、

・ザクっぽいか、ガンダムっぽいか
・足が付いているか、付いてないか
・赤いか、そうじゃないか

くらいとしか識別できないでしょう。

これは子どもについても同様です。

普段から育児や子どもに関心が薄い人は、

「**子ども＝素直でかわいい幼児から小学生**」

という固定観念を持ってしまいがちです。

たとえば、

「子どもが公園で出す騒音」

を想像してみてください。

おそらくイメージしたのは、

「小学生がキャッキャとボールで遊ぶ音」

であり、

「中高生がたむろして、スマホで音楽を聴きながら創作ダンスの練習をする音」

「不良がバイクを空吹かししながら、コンビニスナックを食べ散らかす姿」

をイメージする人はほとんどいなかったと思います。

これは育児に対しても同様です。

独身の男性に対して、

「子育てするなら、どんなパパになりたい？」

という質問をすると、本質的に育児に対して当事者意識を持っていない人の場合、冒頭で解説したような、

「**男の子なら一緒にキャッチボールをしたいし、女の子なら一緒にお菓子を作りたい**」

といった回答が返ってくると思われます。

しかし、子育てをしている方は分かると思いますが、はっきりいってそれは、

「**子育ての中で感じられる、数少ない〝やりがい〟**」

の一つでしかありません。実際、そのようなことを行う年代はせいぜい、

「6歳から12歳までの6年間」

くらいなものなのです。

むしろ、子育てにおいて大変かつ重要なのは、

「0歳からトイレトレーニングを終わらせるまでの数年間」

「思春期になって、第二次反抗期を迎える数年間」

など、幼児期以外の「日常生活」の中で抱える問題でしょう。

実際に総務省統計局の調査を見ると、育児で一番時間がかかっているのが「乳幼児の身体の世話と監督」であり、その時間は「乳幼児と遊ぶ」よりはるかに長いことがわかります。また、「乳幼児の身体の世話と監督」にかかる時間は**「乳幼児と遊ぶ」時間に比べて、男女間の差が明らかに大きくなっています**。そのため、女性は、

「夫をはじめとした多くの男性は、子どもと遊ぶことだけが育児だと思っている」

と感じることもあるでしょう。

以上のことを踏まえると、「育児=子どもと遊ぶこと」と認識している人や、育児について関心がなく実態がよくわかっていない人は、

「父親が育児をする」

6歳未満の子どもを持つ夫・妻の無償労働時間

「令和３年社会生活基本調査」（総務省統計局）より

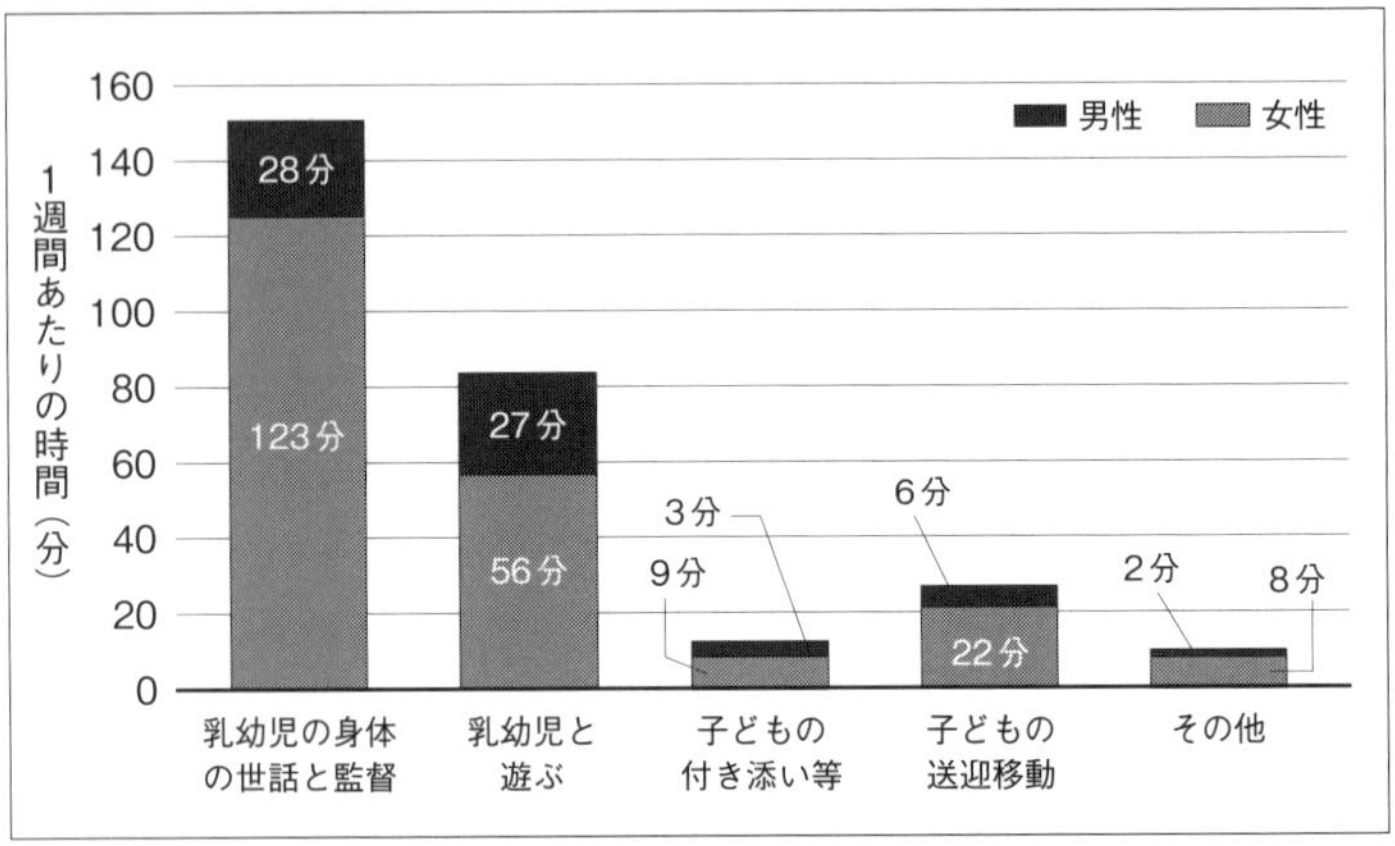

Point：「乳幼児の身体の世話と監督」は「乳幼児と遊ぶ時間」に比べると男女間のギャップが大きい。

というと、

「幼児期・児童期の父親を慕うかわいい盛りの子と一緒に遊ぶパパ」と考える傾向があることがわかります。

それに加えて「幼児期〜小学生」のキャラクターと「楽しいひと時」を過ごす姿の方が人気が出やすくなるため、父親が乳幼児の面倒を見る漫画が少なくなってしまう、ということがあるのでしょう。

ただ、これについては一方的に男性が悪いというのではないと思います。

そもそも**男性の乳幼児に対する育児については「ロールモデルが**

少ない」「意識を培う場面が少ない」ことも大きな理由でしょうし、男性はパートナーを作るまでの苦労が女性より大きいこともあり、育児能力以前に年収なども含む異性の獲得能力を問われてしまうというのも原因でしょう。

そこで、もしも本書の男性読者で、配偶者から乳幼児の育児について小言を言われているという方がいるならば、まずは、

「〝乳幼児の母親の目線〟で描かれた『育児漫画』も読んでみる」

といいでしょう。それらの育児漫画を読み、「妻から子育てについて質問を投げかけられても、しっかり答えられる」くらいの意識をもって、育児の勉強をすれば、きっと良好な夫婦関係を築くことができるはずです。

■まとめ

男性向けの漫画に出てくる「育児をするパパ」が相手にするのは、たいてい幼児から小学生までなのは、育児に関心のない読者が持つ「子ども」のイメージがその年代だから。乳幼児の育児を行う男性のロールモデルが、フィクションを含めてあまり登場しないこともそうした現象が発生する原因といえる。

【第2部　第6節】

なぜ「四天王」の男女比は「男3：女1」がほとんどで、なおかつ女性は筆頭でも先鋒でもないのか？

本書を読んでいる方なら一度はゲームで対峙してきたであろう「四天王」。その男女比は「女性1名」あるいは「全員男性」の場合が多く、女性の方が多いことはあまりありません。この現象は単にジェンダー論の問題ではなく、今まで培ってきた「ステレオタイプ」が原因と考えられます。

■四天王はなぜか「女性枠は1名」と相場が決まっている

四天王は本来、**持国天・広目天・増長天・多聞天のことを指す用語**ですが、現在では「幹部4名」をあらわす言葉として使われることがほとんどです（ちなみに、本来の四天王自身も「女

主な四天王の男女比

男女比	作品名	組織名
男３：女１	『飛べ！イサミ』	黒天狗四天王
男３：女１	『炎の料理人　クッキングファイター好』	味四天王
男３：女１	『クロノ・クロス』	アカシア龍騎士団四天王
男３：女１	『聖剣伝説２』	ヴァンドール四天王
男３：女１	『ファイナルファンタジー４』	ゴルベーザ四天王
男４：女０	「ストリートファイター」シリーズ	シャドルー四天王
男４：女０	『東京卍リベンジャーズ』	天竺の四天王
男４：女０	『セーラームーン』	ダーク・キングダム四天王
男２：女２	『バイオハザード・ヴィレッジ』	四貴族

神転生」シリーズなどで登場します）。

いつから四天王がゲームに出るようになったのかは筆者も分かりませんが、現在ゲームや漫画の敵役としては王道中の王道です。おそらく本書を読んでいるみなさんも、必ず人生の中で１組は四天王を倒してきたでしょう。

さて、この四天王ですが、たいていは、

「男性が３人：女性が１人」

という構成になっています。

他に四天王の中で多いのが「全員男性」のパターンでしょう。

他のパターンとして「男女が２名ずつ」というのも比較的少数ながらありますが、「女性の方が数が多い」、特に「女性３：男性１」というパターンは、筆者が知る限りほぼありません。

それに加えて、四天王の中で女性は「2番手か3番手」であることが多く、1番手、または「四天王最強」になる場面はほとんどありません。

もちろん、これは**たいていの「女性の四天王」は作中で重要な役割を持つ**ことが多く、「最初に女性の四天王を倒してしまうと、ストーリーが成り立たなくなる」「最後の四天王は出番が少ないから（正直、四天王の筆頭格は物語の終盤にならないと登場しないので、影が薄いことが多いですよね）」

という問題もあるでしょう。

この〝法則〟について、ついつい、

「管理職の男女比が現実に反映されているからだ！」

「女性がトップだと男性のプライドが傷つくから」

などのジェンダー論を展開したくなるかもしれません。

しかし、**ゲームの世界では「女性がトップに立つ敵組織」は過去にいくらでも出ている**ので、その理論は成り立ちません。

例として、

・製薬企業の支社長として働きながらも、裏では黒幕とつながっており、最後は化け物となっ

て主人公たちと対峙する『バイオハザード5』の「エクセラ・ギオネ」（最も黒幕は別の男性ですが）

・人類の救済を目的としながらも、徐々に道を踏み外してしまい、最後は人類を抹殺しようとする『テイルズオブデスティニー2』の「エルレイン」

といったキャラクターなどが代表的でしょう。

では、なぜ四天王の場合に限って男女比が偏るのか。

これはクリエイターが抱きがちな「ステレオタイプ」によるものだと考えられます。

ほかにも「無意識に行ってしまう設定」がありますので、今回はそのことについても解説します。

■過去の自身の体験から「常識」という名の「ステレオタイプ」を作ってしまう

なぜ、四天王の男女比は男性に偏っているのか。

もちろん物語の組み立てによるところもあると思いますが、そもそも四天王はほとんどの場合「敵役」で出てきますし、出番自体もたいていの場合、さほど長くありません（ゲームでは、四天王をストーリーの進行に合わせて1人ずつ倒す展開になりやすいためでしょう）。

そのため、あえてクリエイターサイドに厳しい言い方をさせていただくなら、

「**よほど緻密な人間関係を組み立てていない限り、四天王で女性が2名になって困る作品は、そこまで多くない**」

ということがいえます。「女性の比率を増やすこと」で起きるデメリットは、多くのゲームや漫画では、それほどないのです。

おそらく、そこに難しい理由はなく、

「**昔から自分の知っているコンテンツでは、大体そうだったから**」

という心理が制作側に働いているということが、四天王の男女比が偏る原因ではないかと思われます。

実際、一世を風靡した『ファイナルファンタジー4』の時代から、四天王の男女比は「男3：女1」と決まっていました。多感な思春期にそのようなコンテンツに触れたこと、そしてその後のゲームも似たような男女比になっていたことが影響を与えている、言い換えるなら、

「**過去に受けたコンテンツの影響を引きずり続けてしまうこと**」

が四天王の女性比率を下げる原因となっていると考えられます。

他にもサブカル世界などで見られる特徴には、

・４属性の精霊が人型の場合、水は穏やかな女性、火は荒々しい男性、風は気まぐれな子ども、または若者である（そして地属性は影が薄い……）ことが多い
・善の女性は露出の低い服を着ており、逆に悪の女性の露出は高い傾向にある。体に刺青のような紋様の類が入るのも、基本的に悪の陣営ばかりである
・主人公は王族でない限り、たいていは地方出身者。都会の出身であることは割と珍しい
・主人公の父親は基本的に育児に関わっている描写があまりなく、母親をはじめとした、人任せになっていることが多い（死別など不可抗力の場合も含む）

あたりも、過去に見聞きしたコンテンツの影響を受けているといえるでしょう。

これらもまた**「ステレオタイプ」と呼んで差し支えないもの**であり、ともすれば「女性や若者などに対するイメージを決めつけている」ともいえるでしょう。

このようなことから、

「自身が当たり前だと考えていること」

が本当に正しいのか。

それとも単に、

「過去の体験から作り出されたステレオタイプなのか」

そうしたことに日常的な疑いの目を持つことは、クリエイターだけでなく、ユーザーである私たちにも重要なことなのかもしれません。

■まとめ
四天王の男女比が偏りやすいのは、過去のコンテンツなどから作られてきたステレオタイプの影響によるもの。このようなステレオタイプはゲームだけでなく現実にも存在するため、クリエイターはもちろん、私たちも常に意識することが必要になるといえる。

【第2部 第7節】

なぜ「囚われの姫君」や「女騎士」のムダ毛処理は、常に完璧に行われているのか?

最近は少し減少傾向にあると思いますが、いまだに根強い人気を持つ「囚われの姫君」。彼女たちを見ていると「本当に囚われていたのか?」と思うほどの容姿をしている場合が多いです。ここに女性が周囲から持たれている「べき思考」が表れているとも考えられます。

■「囚われの姫君」をお姫様抱っこしたら、現実なら口臭に苦しむはず

囚われの姫君。

昔っから本当に定番中の定番なので、誰かしらパッと頭に浮かぶキャラクターはいることで

しょう。

しかし、皆さんは疑問に思ったことはありませんか？

「**ずっと手足を拘束されて囚われていた姫君の身なりがきれいに手入れされている**」

ということに。

もし現実に囚われの姫君を助けたら、きっとこうなるでしょう。

「姫！　ついにお会いできましたな！」

「勇者！　きてくれるって信じてたわ！」

「さあ、その手かせを外します……う……」

「どうかしましたか、勇者？」

「（な、なんて匂い……。わきの下がボーボーだし、悪臭が凄い……いや、そんなこと気にしている場合じゃないな……）さ、さあ外しましたぞ！」

「ありがとう、勇者！　……うっ……」

「どうしました、姫？」

「すみません、ずっと繋がれていたので足が……」

「それでは、私が抱えます………」

「どうかしましたか、勇者?」

「え? い、いえ……(よく見るとスカートの隙間からすね毛が……。いや、当然だな、そんなこと!)」

「それにしても……。このようなお姫様抱っこをされるのは……少し恥ずかしいですわね……」

「……ですね……」

「でも、勇者だったら民に見られてもよいって気がしますわ」

「……は……」

「どうかしましたか、勇者? 先ほどから顔をそむけ、無口になっていますが……」

「いえ……(うっ、何日も歯を磨いていないから、口臭が半端じゃない! 歯の間の食べかすが見苦しい! しかも虫歯から膿まで出てる! いくら姫を愛していても、これは……)」


フィクションの姫君は、このようなことは起きません。

具体的には、爪はキレイに切りそろえられており、髪はきれいでサラッサラ。

腋毛、すね毛といったムダ毛の処理は当然のようにきれいになっており、体型にもまったく変化なし。そしていつ磨いていたのか、歯もピカピカです。

ひょっとしたら、

「**食事の時間に、看守が気を利かせてムダ毛処理と歯磨きをしてくれていた**」

という可能性すらあるんじゃないかと勘繰ってしまうほどです。

もしそうなら、

「ヒヒヒ！　今日もお前に、
ムダ毛のお手入れ、
歯磨き及び虫歯の治療、
爪切り並びにやすり掛け、
ヘアカットとブロー、
クレンジングとメイクアップ、
エコノミークラス症候群防止のための健康指導をやってやろう！」

などと言うモンスターが、どのゲームにもいるということになるでしょう（彼らはモンスターよりももっと別の天職がありそうです……）。

「フィクションの女性にムダ毛がない」

という現象は今に始まったことではなく、

「絵画などで描かれる女性」

についても、やはりムダ毛はすべて処理されています（ちなみに彫刻を見ればわかると思いますが、これについては男性も同様です）。

そのことから考えても、やはり女性の「ムダ毛」はタブー視されやすいといえるでしょう。

それに対して、漫画やアニメなどで描かれる**「ブスキャラ」にムダ毛が生えているキャラは多くいる**ことも特徴として挙げられます。特に鼻毛が目に付くキャラなどは顕著で、『おそ松さん』に出てくる『ドブス』などがその代表例でしょう。

なぜ、これほどまでに女性キャラの全身の手入れは常に行われているのでしょう。

これについては、私たちが持つ**「認知のゆがみ」のひとつ、「べき思考」**が表れていると考えられます。

■女性を苦しめる「べき思考」を理解するには

皆さんは「認知のゆがみ」といわれる「べき思考」をご存じでしょうか？

これは、物事に対して「△△は、○○すべきである」という思考のことで、私たちはこのような考えをついつい持ってしまいます。

その中の一つが、

「女性とは、ムダ毛を必ず処理すべきである」

というものでしょう。

前述したように、昔の絵画などでも基本的に「腋毛・すね毛が生えているものはない」ということからも分かるように、いつの時代からかは不明ですが、**人間は伝統的に、**

「女性は、ムダ毛はないことが当然である」

と考えているということが分かります。

これについてはおそらく男性も同様なのでしょうが、**他者から「意識して観察される」場面は女性の方が多い**ので、なおさらこの概念が女性に向けられやすいとも考えられます。

実際、リクルートの調査によれば、ムダ毛処理や脱毛について悩む女性の比率は、男性を遥かに上回っています。

また、悩む女性の割合は若い世代ほど顕著ということから考えても、このような「べき思考」は若年層にも浸透していることが分かります。

そうした**「べき思考」が、漫画の中で特に顕著に表れている**のことが原因と考えられます。

ムダ毛処理・脱毛に関して悩む人の割合

「【美容センサス2019年下期】〈美容意識と購買行動〉」（リクルートライフスタイル）より

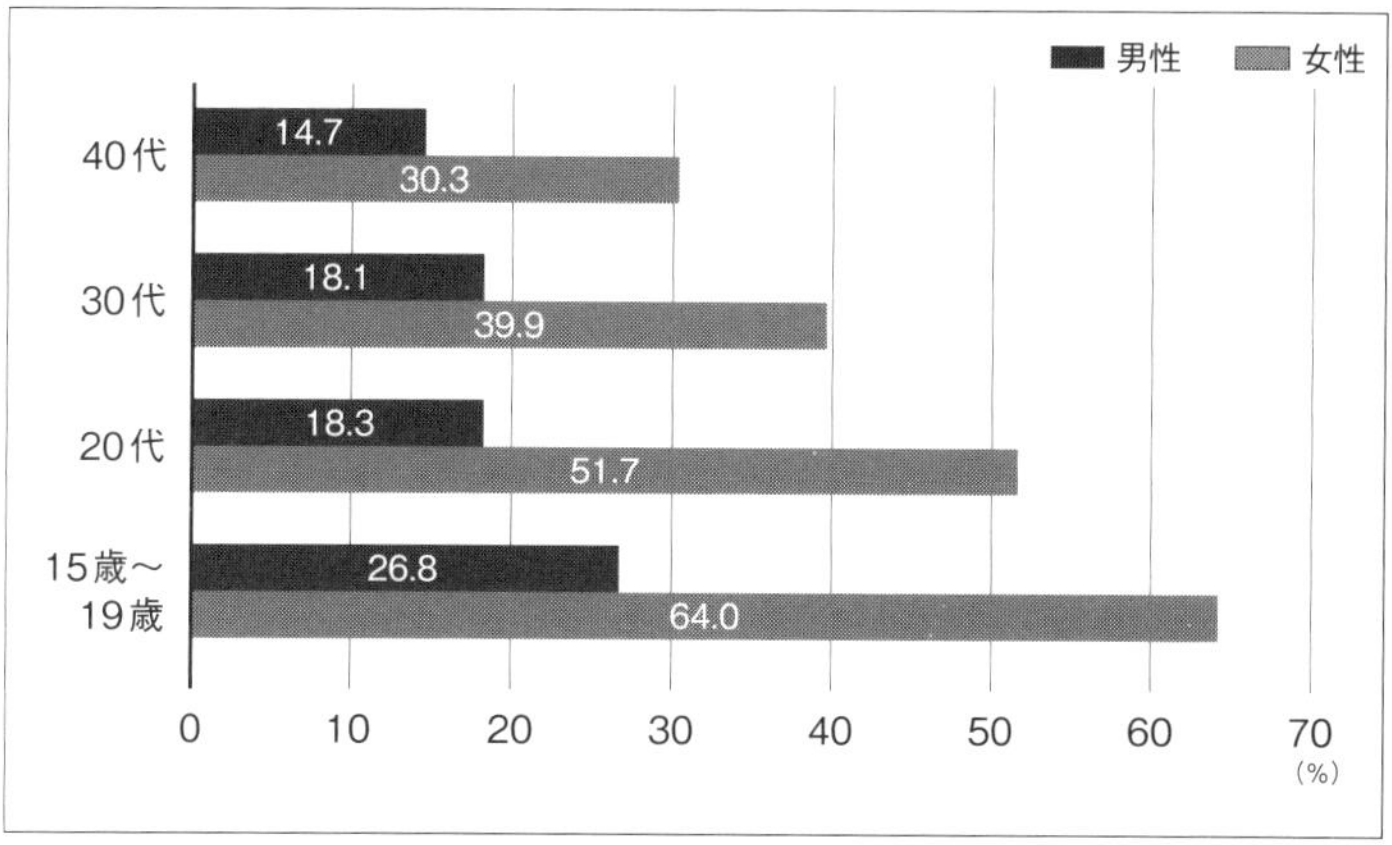

Point：男性より女性、さらに若い世代ほどムダ毛や脱毛に関して悩みを持つ傾向にある。

ただ、注意したいのは「べき思考」が問題を生じさせる可能性があるということです。

事実、「女性はムダ毛を処理すべき」という「べき思考」を女性に押しつけてしまうと、**女性にとって大きな負担になってしまいます**。

実際に、女性はスキンケアに時間をかける必要がある分、男性に比べてどうしても身支度に長い時間をかけがちです。その分の時間を睡眠や勉強にあてることができる男性は、やはり勉学や仕事を行う上では有利になりやすいということができるでしょう。

ただでさえ人間は、**自分の成功は**

「自分の努力」のおかげ、他人の成功は「運が良かっただけ」と考えてしまう心理傾向があります（これを「セルフ・サービング・バイアス」と呼びます）。

そのことを理解して、

「自分の今いるポジションは、単に〝自分の努力〟によって得たのではなく、性別や時代といった〝外的要因〟による影響も大きいのではないか」

と考えられるようになることが、男女がお互いを理解するために大事になるでしょう。

■まとめ

女性はムダ毛を処理すべきという考えは昔から共通認識として存在する。囚われの姫君も解放されるときにきれいな容姿をしているのも、その共通認識が働いているからと考えることができる。この共通認識は、仕事などでも男性が有利になる一因となる。

【第2部 第8節】

なぜ「婚活」がテーマになった漫画で、婚活が成功することは基本的にないのか？

ネタバレになるので具体的な作品名は伏せますが、「婚活」をテーマにした物語で本当に「婚活で結婚する主人公」はマレで、最終的には「自然な出会い」を通して知り合った相手と結婚するケースがほとんどです。この背景にある「受動的恋愛」を求める心理を今回は解説いたします。

■フィクションの世界では「能動的に婚活すると失敗する」ジンクスがある

「なんで私に彼氏ができないんだろうなあ……」

「あら、そうなの？　職場の人たちはどうなの？」

「あたしの職場の男ってレベル低いから。まともな人がいないのよ……」

「じゃあ、マッチングアプリとかで探すっていうのは？」

「そういうのとはちょっと違うのよね。**もっと自然な出会い**っていうか……そういうほうがいいのよね」

「うーん……。ところでさ、自然な出会いってどういうの？」

「たとえば趣味の習い事やサークルとかでさ。**なんかいいなって思った人とたまたま一緒に何かすることになってさ。そのお礼に食事に誘って**……みたいな感じ？」

「なるほど、ほかには？」

「後は、**隣に引っ越してきた住民**がすっごいかっこいいけど彼女に振られたばっかりで傷心のエリートでさ！　その人と話したのがきっかけで、とか！」

「……そう……」

「後一番いいのは幼馴染！　**小さい時に遊んでいた幼馴染と町で再会**して、そこからまたデートに誘ってもらう展開もいいよね！」

「……ふーん……。そんな風に考えながら、ここでくだ巻いてるあなたに彼氏ができない理由、私にはさっぱりわからないわねえ……」

「なによそれ、嫌み？」

このやり取りで、なぜ彼女に恋人ができないか、分かりますでしょうか？

もちろん理由は色々思いつくでしょうが、一番の理由は、

「**本人は〝自然な出会い〟を求めているつもりだが、実際には〝自分が何もしなくても得られる出会い〟ばかり求めているから**」

というところでしょう。


さて、昭和の時代、結婚は一般的に「お見合い」が主流でした。

お見合いの相手は周囲が斡旋してくれる時代であり、**結婚するために「自分から積極的に動く」必要は今ほどありませんでした**。

ところが、お見合い結婚が廃れて久しい昨今、私たちは自分自身の手で結婚相手を見つけなければならなくなりました。その中で生まれたのが、「婚活」です。

ところが、この婚活。

みなさんはフィクションの世界で「**婚活で知り合った異性と結婚するキャラ**」を何組見てきましたか？

せいぜい、婚活で知り合った異性と結婚したのは、

「ヒロインが婚活を始めるきっかけになったモブ」

「そもそも婚活がテーマではない漫画の登場人物」

くらいでしょう。

ちなみに後者の具体的な例を挙げると、夫婦でアウトドア料理を楽しむ日常系漫画『焼いてるふたり』（作：ハナツカシオリ）などはその一つです。この漫画の主人公夫妻は、マッチングアプリで知り合って結婚しています。

それらのパターンを除くと、基本的に主人公が婚活で成功することはありません。

仮にパートナーができる物語でも、婚活の中で知り合うのではなく、

「婚活中に〝たまたま出会った、自分に好意を持ってくれた人〟と付き合う」

「婚活していたが、やはり自分の身近な人を好きになって付き合い出す」

そういった物語がほとんどで、**本当の意味で、**

「婚活パーティや、街コンなどで知り合った異性と結婚する」

ケースはほぼありません。

特に**「結婚相談所」の成婚率は、フィクションの世界ではめちゃくちゃ低い**です。

そのため、

「フィクションの世界の婚活は、多くの場合、単に金と時間をどぶに捨てる行為に終わってしまう」

もっといってしまうと、

「能動的に出会いを求めると失敗し、向こうから好意を持ってくれる人が現れるまで待てば、成功するパターン」

が多いといえます。このあたりは、冒頭で出た「結婚できない女性」が考える〝自然な出会い〟を実現させているということができるでしょう。

なぜ、フィクションの世界における婚活はまともに成功する試しがないのか。

この背景にある「**自然な出会い症候群**」「**受動的恋愛志向**」について今回は解説を行います。

■フィクションの恋愛は「受け身な方が上手く行く」が、実際は逆である

フィクションの世界で「婚活」がまともな結果に終わらないのは、やはり読み手側に、

「**恋愛は〝自然な出会い〟から始めるべき**」

という概念、いってしまえば「自然な出会い症候群」が強いからでしょう。

しかし、そもそも〝自然な出会い〟とは、どのようなものでしょう。

どのような流れで結婚したいと思っているか（理想）

「令和３年度　人生100年時代における結婚・仕事・収入に関する調査報告書」（男女共同参画局）より

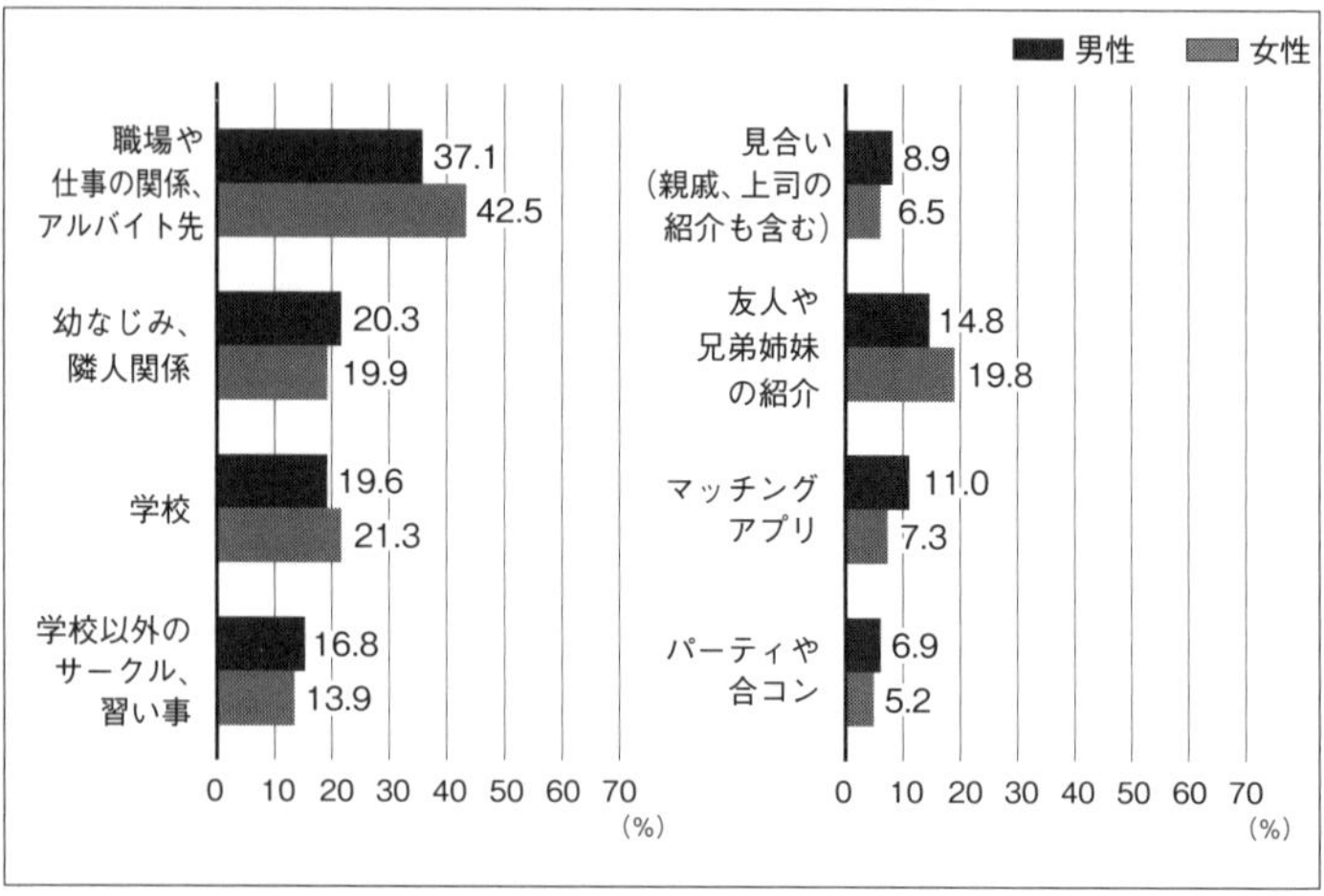

Point：全体的に「自然な出会い」を好む傾向があり、逆にお見合いなどはあまり好まれない傾向がある。

冒頭で女性が挙げていたような出会いもありますが、これらは〝自然な出会い〟ではなく、
いってしまえば、

「〝超〟都合がよい出会い」

だということができます。

このような〝自然な出会い〟とまでは行かなくても、

「学校で隣になった異性が、主人公の〝何気ない行動〟に興味を持った」

「職場で直属の上司がかっこいい上に〝なぜか〟自分に好意を持ってくれている」

といった要するに、

「自分は別に恋愛を求めていた

わけではなかったのに、向こうからの働きかけで恋愛関係になれたんだよね～」という、**受け身で自分は首を縦に振るだけで成立する恋を求める「受動的恋愛志向」**の方は、男性にも女性にも多いです。

そのことを反映しているのか、近年の「異世界系」の主人公の特徴として「王子様・お姫様に一目ぼれして猛アタックする」アグレッシブなタイプより「異性への興味・関心が薄いけど、相手から好意を持たれる」、という**パッシブなキャラが男女を問わず多い**ように見受けられます。

また「自然な出会いを好む」傾向は、令和3年度に男女共同参画局が行った調査「どのような流れで結婚したいと思っているか」（右ページグラフ）でも見受けられます。

この調査の中で行われた、どのような流れで結婚したいと思っているかについての回答を見ると、「職場や仕事の関係、アルバイト先」「幼なじみ、隣人関係」「学校以外のサークル、習い事」など、どちらかといえば「自然な出会い」といえるもののパーセンテージが高く、逆に「マッチングアプリ」「見合い（親戚、上司の紹介も含む）」などは軒並み低い傾向にあることがうかがえます。

特に「幼なじみ、隣人関係」がここまで高いところにも、「受動的恋愛志向」の方が一定数いることが伺えます。

以上のことから、いわゆる**「自然でない出会い」**を**「能動的に起こす必要がある婚活を行う」主人公は、読者の状況によっては自らの現状を否定されている気分になる**こともあります。そのため、フィクションの世界でも「自然でない出会い」の婚活は失敗しやすい、とも考えることができます。

■まとめ
フィクションの世界に、一般的な「婚活」で成婚に至るキャラクターが少ないのは、読者に「自分が努力せず、受動的に始まる恋愛がしたい」という願望と「結婚には能動的な行動が必要である」というメッセージへの反発心があるからとも解釈できる。

【第2部 第9節】

なぜ男性向け漫画のヒロインには「奴隷」「メイド」「妹」が多いのか？

男性向けの作品には、「奴隷ヒロイン」のほか、「メイド」や「妹」といった主人公よりも地位が低く、従順なヒロインが数多く登場します。それらのヒロインは男性だけでなく、女性向けのコンテンツでも人気なことから、女性が周囲に求められる立場を推察することができます。

■「奴隷ヒロイン」も「メイド」も「妹」も本質は同じ

「奴隷ヒロイン」というジャンルをご存じでしょうか？

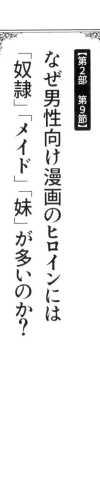

これは、いわゆる「奴隷階級」の女の子を購入し、その子と交流する中で恋仲になっていくといった物語です。

この「奴隷ヒロイン」は、いまやサブカルチャーの主流ジャンルのひとつ。『盾の勇者の成り上がり』（作：藍屋球）の「ラフタリア」などが、その代表的なキャラクターといえるでしょう。

さて、異世界ものでは「奴隷商人から奴隷を買う展開」はよくありますが、奴隷の性格は一部を除いて、「買い手（たいていは男性）にものすごく都合の良い性格」をしています。

奴隷を買った後の「異世界あるある」的な展開は、たいていこんな感じになります。


「さあ、ご飯だよ。パンとスープ、それからデザートだよ」

「え……こんなおいしそうなご飯食べていいの？」

「ああ。これからいっぱい食べてね。それから、寝床はここだよ」

「え……ベッドで寝ていいの？　藁の上に寝ていたから、嬉しい……」

「それならよかった。あと、お風呂も沸いてるから先に入っていいよ？」

「ええ!?　わ、私のような奴隷がお風呂に入っていいんですか!?」

「もちろん。それと明日は自由行動にしようか。何して過ごす？」

「あ、あの！　ご主人様とお花畑に行きたいです！」

「それじゃあ、早起きしてお弁当作っておくよ！」


逆にこのような展開になることは、まずありません。


「さあ、ご飯だよ。パンとスープ、それからデザートだよ」

「はい（まずそう……。この男、料理が下手なのね。前のご主人様は料理上手だったから、どうしても比べちゃうな……）」

「ああ。これからいっぱい食べてね。それから、寝床はここだよ」

「はい（固くて寝心地悪そう。しかもドアに鍵かけられないとか、プライバシーがないのね……。早く故郷に帰りたい……）」

「あと、お風呂も沸いてるから先に入っていいよ？」

「ありがとうございます（前のご主人様は当たり前にやってくれていたことなのに、**なに偉そうにしてんだ、こいつ？**　まるで家事やるたびに恩着せがましく報告してくる、自称イクメンの亭主みたい……）」

「それと明日は自由行動にしようか。何して過ごす？」

「この間、城下町で知り合った友達とランチするんで、朝から留守にします。ご主人様はご主人様でお過ごしください」

「え、あ、ああ……」


「奴隷ヒロイン」の性格は、基本的に次のように設定されていることが多いです（もちろんすべてではないですが）。

「素直で従順。安価な食事と質素な生活を好み、贅沢はしない。優しくしたらすぐ心を開くなど、人懐っこい。主人に忠誠と性愛を抱き、主人以外の人間には興味を持たない。一方で主人が自分以外の女性を使役することは許容する」

という、

「**子猫の人懐っこさと無邪気さ、子犬の忠誠心と従順さの良いとこどりをした性格**」

である場合が多く見られます。

奴隷ではありませんが、ほかにも「メイド」や「妹」といった設定も人気です。

その特徴を見て気づかれたと思いますが、それらはいずれも、

「**男性よりも低い地位、あるいは年下のポジションにいる女性**」

が中心ということです。

それに加えて、奴隷ヒロインは「主人公との関係」こそ大事にしますが、この年代の女性なら持っていても不思議ではない「同年代・同性の友人を欲しがる」という描写が出ることはほぼありません（**いわゆる「私にはあなただけいればいい」系のキャラが多い**）。

現代の感覚で考えるなら、

「友達たちとカラオケで持ち歌を思いっきり歌った後、カフェでおしゃべりする休日」

「彼氏の家のお風呂とトイレの掃除をした後、ご飯を作ってあげる休日」

の両者が並んだ時、**迷わず後者を選ぶタイプ**と言えばわかりやすいでしょう。

間違っても奴隷キャラ同士が集まって、

「やっぱり、ご主人様から解放されると、幸せね！」

「ほんとほんと！　ていうか、今のご主人様のこと嫌いだし、今度謀反しよ、謀反！」

「いいわね！　じゃあ、早速計画を練りましょ？」

といった具合で、女子会を開いて休日を過ごすことは基本的にありません（あってたまるか、とも思いますが……）。

なぜ、このようなキャラクターが好まれるのか。

その理由について、

「メイドや奴隷ヒロインは、男性の独占欲が具現化した姿だ！」

と考える方もいることでしょう。

たしかにそれも一理あります。

ですが、それだけでは説明がつかない事象もあります。たとえば、主人公がメイドとして働きながら、実業家の青年と身分違いの恋を繰り広げる『エマ』（作：森薫）のように「メイドが主人公になる漫画」もありますし、「メイドヒロイン」自体、女性からの人気も決して低くはありません。事実、『Re:ゼロから始める異世界生活』（作：長月達平）の「レムとラム」などは女性コスプレイヤーにも人気で、

「作品は知らないけど、コスプレは知ってる！」

という人も多いのではないでしょうか。

また、〝独占欲〟に関していえば、女性向けの漫画などには、「女友達がほかの子と仲良くしていることに嫉妬するヒロイン」は比較的良く出てきますが、

男性の友情をテーマにした作品（ＢＬではない）には、

「俺以外のヤツと友達にならないで」

「お前にはオレがいるのに、なんであいつと話すの？」

といったシーンはまず出てきません。

それらのことから、奴隷ヒロインが好まれるのは、「男性側の問題」だけではなく、「**女性はどんな性別の人からも〝独占したい〟という欲望を持たれやすい**」という意識が根底にあると考えられます。

今回は、女性のヒロインに「奴隷ヒロイン」や「メイド」、「妹」といった下の階級のキャラクターが多い理由を、女性が周囲から求められる役割について着目しながら解説しましょう。

■女性は異性だけでなく同性からも「独占欲」を持たれやすい

なぜ、女性のヒロインキャラに「奴隷」階級が多いのか。

まず外せないのは、

「女性に従順に尽くしてほしい」

という意識があるということでしょう。

また、奴隷・メイド・妹はいずれも客観的に関係が保証されています。

そのため、

「**自身を裏切らない、客観的な保証が欲しい**」

と考える気持ちもうかがえます。

それに加えて、人間には「**過去に良いことをしたなら、今悪いことをしてもいい**」と考えてしまう特徴があります（これを「**モラル信任効果**」と呼びます）。

具体例を挙げると、

「朝にいっぱい走ったから、今日はたくさん食べても良いよね」

「愚痴を聞いてあげたんだし、兄のプリンを勝手に食べても良いよね」

と思うような心理です（後者は、確実に喧嘩になるでしょうが）。

これが作用して、

「**（本来差別の対象である）奴隷相手に優しくしてあげたから、彼女を独占してもいいよね**」

という意識が読者側にも働きやすいこともあり、「奴隷ヒロイン」や「メイドヒロイン」が設定として好まれやすいとも考えられます。

それに加え、**それが彼女の意思でない場合はおさまりが悪いこと**もあり、

「奴隷の彼女は、自分以外に親密な関係性を持ちたがらない」

性格になるとも考えられます。

ただ、それだけ書くと、

「男ってそういうところあるよね〜」

ということで終わってしまうのですが、**実は「女性に対して独占欲を持つ」のは男性だけではありません**。

「彼氏が自分の行動の一挙手一投足を監視してくる」

といった悩みはもちろん、

「自分がほかの友達と仲良くしていると不機嫌になる友人がいる」

といった悩みを抱える女性は少なくありません。

内閣府が15歳から39歳までの男女を対象に、学校で出会った友人との関わり方について調査を行っています（214ページ）。

それによると、

「何でも悩みを相談できる人がいる」

「困ったときは助けてくれる」

「いつもつながりを感じている」

のいずれにおいても、男性よりも女性の方が「そう思う」「どちらかといえば、そう思う」

学校で出会った友人との関わり方

「こども・若者の意識と生活に関する調査（令和４年度）」より

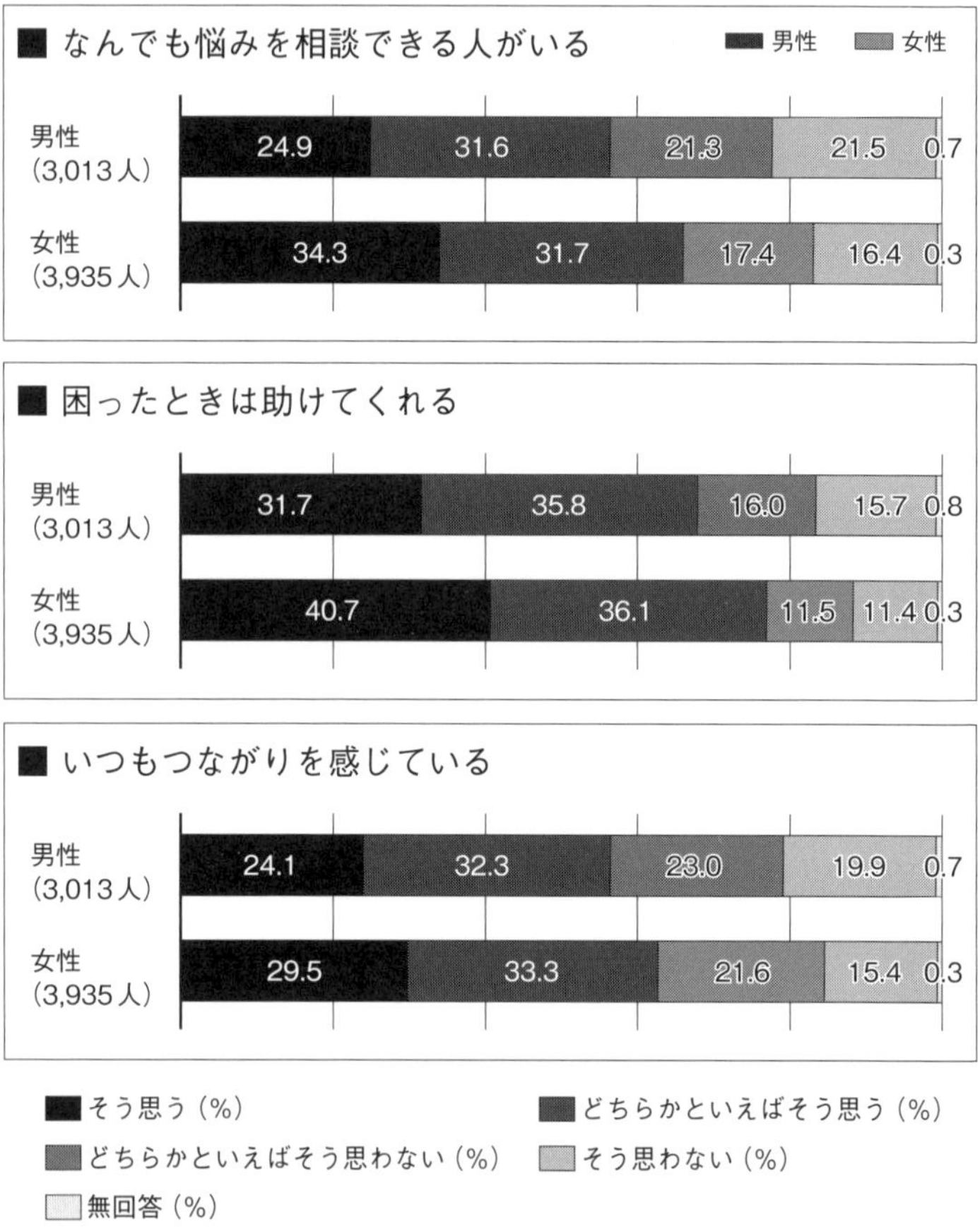

Point：女性は男性よりも「友人間のつながりが強い」ことが窺える。

と答えた人の合計が多くなっています。

人間関係が濃密ということは、裏を返せば、「女性は相手が男性だろうが、女性だろうが、他人から独占欲を持たれやすい」ということがいえます。

こうした心理が働いた結果、メイドや奴隷のヒロインが男女を問わず人気を呼んでいると考えることができます。

■まとめ
いわゆる「奴隷ヒロイン」や「メイド」、「妹」のようなキャラクターがよく出てくるのは、「自分のことを裏切らない相手が欲しい」という独占欲の表れ。この独占欲は男性だけでなく、女性も持ちやすいため、奴隷やメイドヒロインが女性からも人気が高くなると考えられる。

【第2部　第10節】

なぜ、「メシマズ」キャラや「汚部屋」キャラは女性ばかりなのか？

フィクションの世界にも料理下手だったり、部屋が汚ない男性キャラはいますが、女性に比べると少数派で、そのような特徴が「チャームポイント」として好意的に描かれる男性キャラはほぼいません。このあたりに男女に問われる家事の性質の違いが表れていると見ることができます。

■「あるガキ大将」を除いて、基本的に「メシマズ」は女性ばかりである

「メシマズ」

これは簡単にいうと、料理が下手な人のことです。

みなさんは漫画に出てくる「絶対食べたくない料理」といったら何が浮かぶでしょうか？

やはり根強い人気（？）を誇るのは、『ドラえもん』（作：藤子・F・不二雄）に登場する、

「ジャイアンシチュー」

でしょう。

人間の食べるものとはとうてい言い難いこの料理（？）を見て、多くの人たちが真似をして作り、そして散っていきました。

しかし、いわゆる「メシマズ」キャラといえば、この忌まわしき「ジャイアンシチュー」の創造者である「剛田武」を除くと、

・ラブコメといえば欠かせない漫画、ツンデレといえば欠かせないヒロイン、作中で恐ろしい料理をいくつも作り上げた『らんま1／2』（作：高橋留美子）の「天道あかね」
・「人の痛みが分かる国」「差別を許さない国」など、個性豊かな旅をする物語の主人公で、なんでもそつなくこなすその佇まいからは想像できませんが、実は調味料の使い方に難がある、『キノの旅』（作：時雨沢恵一）の「キノ（本名は不明）」
・20年以上前から続く『テイルズ オブ シリーズ』に出てくるキャラの中でも「メシマズ」で有名な「アーチェ・クライン」「リフィル・セイジ」「ナタリア・ルツ・キムラスカ・ランバ

ルディア」の3人。

などなど、女性の方が圧倒的に多いのです。

これは、「**部屋が汚いキャラ**」についても同様です。

・『新世紀エヴァンゲリオン』で非常に高い人気を誇りますが、汚部屋キャラかつメシマズでもあり、彼女の作った「カレーラーメン」は商品化までされている「葛城ミサト」

・同じく恐ろしいカレーを作ったことでも知られており、ドラマでもその汚部屋ぶりを遺憾なく発揮した『のだめカンタービレ』（作：二ノ宮知子）の「野田恵」

など、こちらも女性キャラクターが中心に浮かびます。

ここで名前を挙げた「メシマズ」「汚部屋」キャラには、ある共通点があります。

「**料理が下手だったり、部屋が汚いにもかかわらず、キャラクターの人気は基本的に高い**」

ということです。

しかし、筆者が知る限りでは、男性のメシマズ、汚部屋キャラクターで女性に人気があるキャラは見受けられません。

「メシマズ」「汚部屋」をはじめとする「家事が苦手なキャラ」に対する男女の温度差は、なぜ生まれるのでしょうか。その理由として考えられる「男女の恋愛における採点法」の違いについて考えてみましょう。

■家事ができないと、女性は「恥ずかしい」、男性は「情けない」と扱われる

「家事が苦手なキャラ」に対する男女の温度差の違い。

まずは、女性の「メシマズ」キャラの方が多い理由ですが、真っ先に思い浮かぶのが、

「**料理は女性がやるもの**」

「**女性が料理できないのは恥ずかしい**」

といった私たちの中にある意識でしょう。

近年では、コンビニやスーパーが多くありますし、冷凍食品の技術なども目覚ましい進歩を遂げていることもあって、料理をしなくても生活できるようになりました。また、近年は「男性が家事をすることが当たり前」になり、料理男子、お掃除男子なるものも登場しています。

しかし、それでもなお、私たちの中には根強く「女性は料理ができて当然」という意識が残っています。その意識があるため、女性の登場人物を際立たせる上で「メシマズ」という特徴が

与えられているのでしょう。

では、**どうして男性の「メシマズ」キャラは少ない**のでしょうか。

「男性は料理をする機会がそもそも少ないから」

「男性は料理ができなくてもよいとされているから」

ということから、料理下手が特徴になりにくいという面があると考えられますが、それだけではありません。

注目していただきたいのは、「メシマズ」の女性キャラクターの人気です。

基本的にそれらの特徴を持つ女性キャラクターは、

「**料理ができないのが玉に瑕だけど、むしろそれがいい**」

というタイプが圧倒的に多いのです。

完璧な女性というのは、どうしても近づきがたいもの。

本来、料理ができないというのは欠点になるところですが、この場合は、

「料理ができないことが、むしろ親しみを持って受け入れられている」

言い方を変えれば、

「**欠点があることが、むしろ個性として認められている**」

といった現象が起きています。

家事・育児の能力や姿勢

「第16回出生動向基本調査（結婚と出産に関する全国調査）」（国立社会保障・人口問題研究所）より

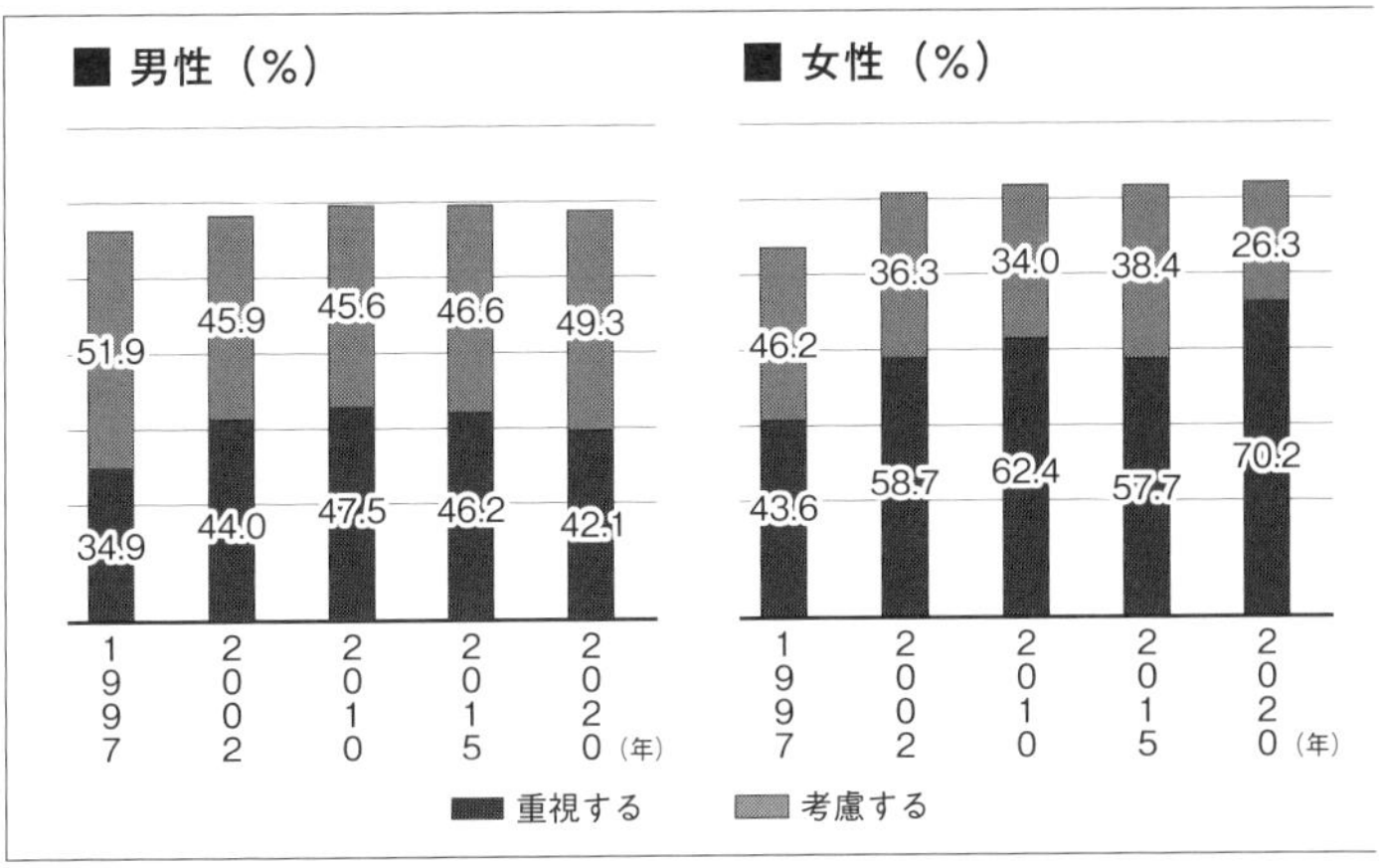

Point：女性の男性に対する家事能力のジャッジは今後ますます厳しくなっていくことが予測される。

これは汚部屋キャラについても同様で、彼女たちはいずれも魅力的なキャラクターとして人気ですが、前述したように女性人気の高い男性の「汚部屋」キャラはほとんど思い浮かびません。

これらを総合すると男性は、

「料理や掃除が下手だとネタにされることもなく、単に女性にとってマイナス評価にしかならない」

と言うことができるでしょう。

実際、国立社会保障・人口問題研究所の調査によると、結婚の際に家事・育児の能力や姿勢を重視する・考慮すると答えた男女の値について調べてみると、男性側は2010

年をピークに「重視する」が減少傾向にありますが、女性側は「重視する」と回答する割合が上昇傾向にあります。令和の男性は、家事ができる能力がますます問われているのです。

　このグラフにも表れていますが、基本的に恋愛において男性は、

「相手の女性によいところがあれば、多少の瑕疵は目をつぶる」

という**加点法で判断**する傾向があると考えられます。

一方、女性の場合は逆で、

「悪いところが一つでもあれば、印象が悪くなっていく」

という**減点法で判断**することが多いということでしょう。その男女による異性への評価基準の違いが、女性の「メシマズ」キャラや「汚部屋」キャラを生んでいると考えられるのです。

■まとめ

メシマズキャラや汚部屋キャラが女性にばかり集中するのは、女性に家事負担が偏っていることが挙げられる。一方で「そこが可愛いところ」と、ある種のチャームポイントとして扱ってもらえるのも女性の特徴。

【第2部 第11節】

なぜ女性向け作品のヒロインは「表情豊か」なのに、男性向け作品の主人公は「愛想がない」のか？

いやなことも断らない、いつもニコニコしてて周りに好かれる好人物。そうした性格のキャラクターは女性向け作品の主人公の定番です。一方、男性向け作品の主人公にはそういうキャラはあまりいません。この違いには「男女が我慢させられていること」の差が表れています。

■男性を「お前」呼びする不愛想な女性主人公は珍しいが、逆は普通にいる

皆さんは、パートナーのことを何と呼んでいますか？

女性の場合は「あなた」だったり、「名前呼び」だったり、様々でしょう。

フィクションの世界ではさらに多様であり、「おぬし」「そなた」などがあるでしょうが、女性が男性を「お前」呼びするパターンはどのような状況が考えられるでしょうか。

男性向け漫画のヒロイン（特に軍人の女性）であればなくはないですが、女性向け漫画の主人公で「お前」呼びをする女性は、かなりのレアケースと思われます。

一方で男性の主人公はヒロインを「お前」呼びすることは珍しくなく、また他者との接し方も女性ヒロインに比べるとぞんざいな場合が多く見られます。

性格面についても、女性ヒロインは、

「笑ったり、怒ったり、ぼーっとしたり、のんびりしたり、悲しんだりする表情」

が多いのに対して、男性主人公は、

「基本的には不愛想で無表情。あるいは常に〝どや顔〟をしており、感情の起伏が乏しい」

パターンが多く見受けられます。

実際に男性向けの物語の場合、

「気が弱くて八方美人な主人公が、愛想笑いによる腹芸を武器に、国を戦争から守る物語」は

ほぼ見られません。

一方で、女性向けの物語の場合は、

「不愛想だけど実は男好きなチートヒロインが、逆ハーレムを作るために侵略戦争を行う物語」は珍しいでしょう。

すなわち、

「女性主人公は、喜怒哀楽がはっきりしており、なおかつ他者に対する接し方も基本的には丁寧。誰からも好かれる〝人気者〟のタイプが多い」

という特徴があるのに対して、

「男性主人公は、喜怒哀楽はあまり出さず、なおかつ他者への接し方はぞんざいで、人気者というよりは〝周囲に尊敬される〟タイプが多い」

という傾向があると言うことができるでしょう。

実際、女性主人公は、

「私はこう思いますが、あなたはどうですか?」

といった感じで**「私、あなた口調」で男性キャラに敬語を使うことが多いです**が、逆に男性の主人公は「異世界もの」に限らず敬語を使わないキャラが多く、目上の人に対しても、

「俺はこう思うんだけど、あんたはどうなんだよ?」

といった「俺、あんた口調」で話す人が目立ちます。

とくに少年誌の主人公が「敬語を正しく使える好青年」であることは極めてマレで、基本的には「俺、あんた口調」です。また、「執事と主人」のような明確な上下関係がある場合を除けば、敬語で異性のパートナーに接する主人公もほとんどいません（サブキャラクターにはそういう口調は多いですが……）。

このように男女の主人公で性格の違いが表れるのはなぜなのでしょう。

その理由は読者側が、

「漫画やアニメのコンテンツを通して得ようとしている満足感」

が男女で異なるからと考えられます。

そこで今回は「**代償的満足**」の視点から、この違いについて考察していきましょう。

■感情表現を「強いられる」女性と「抑え込まれる」男性

人間は色々な欲求を持って生きていますが、様々な事情でそれを常に叶えらえるわけではありません。そのため、

「代償的な行動を使って欲求を充足させる」

という手段を取ることがあります（これを「**代償的満足**」といいます）。

本書で取り上げている漫画やアニメ、ゲームはまさにそうですね。

読者やプレイヤーの方々は作品を読んだり、楽しんだりすることで
「**普段の生活では得ることができない〝代償的満足〟を得ている**」

ということができます。

そうした視点で考えると、男性主人公がぶっきらぼうで、女性主人公が表情豊かなのは、

「**代償的満足を得られる主人公像が、男性と女性では異なるから**」

ということが原因と考えられます。


では、このようなキャラが男女で好まれる理由についてそれぞれ考えていきましょう。

まず女性は基本的に、「**感情豊かであること**」**が非常に重視**されます。

特に友人との関係においては基本的に、

「能力が優れていることよりも、自分を殺して他者を喜ばせること」

の方が求められることでしょう。

実際に内閣府が15歳から39歳までの男女を対象にした調査においても、女性は「親しい人に頼まれてもやりたくないことは断る」の値が明らかに男性より低いことがわかります。

女性は若いうちだけでなく、大人になっても、

「職場や親戚関係、家族、知人などの関係で、作り笑いを続ける」

という場面にどうしても直面してしまいます。そのことを苦痛に感じる方も多いかと思いますが、その一方で、

「**感情豊かであることによるメリット**」

があるということも留意しておく必要はあるでしょう。

男性であれば、

「女子生徒が先に危害を加えてきたのに、やり返したら、向こうが泣いてこっちが悪者にされた」

といったことを一度は経験しているはずです。

ほかにも「女を武器にする」という言葉があります。

この言葉には、女性という身体的な魅力を武器にするという意味以外にも、

「甘える・泣き落とす・笑顔を見せる・感心するなど、様々な表現を巧みに使うことで、相手（たいていは男性）をコントロールする」

といった意味が含まれています（実際、どんなにナイスバディでも、無口で不愛想な女性が〝女を武器にする〟シーンはあまり見られません）。

親しい人に頼まれてもやりたくないことは断る

「こども・若者の意識と生活に関する調査（令和４年度）」より

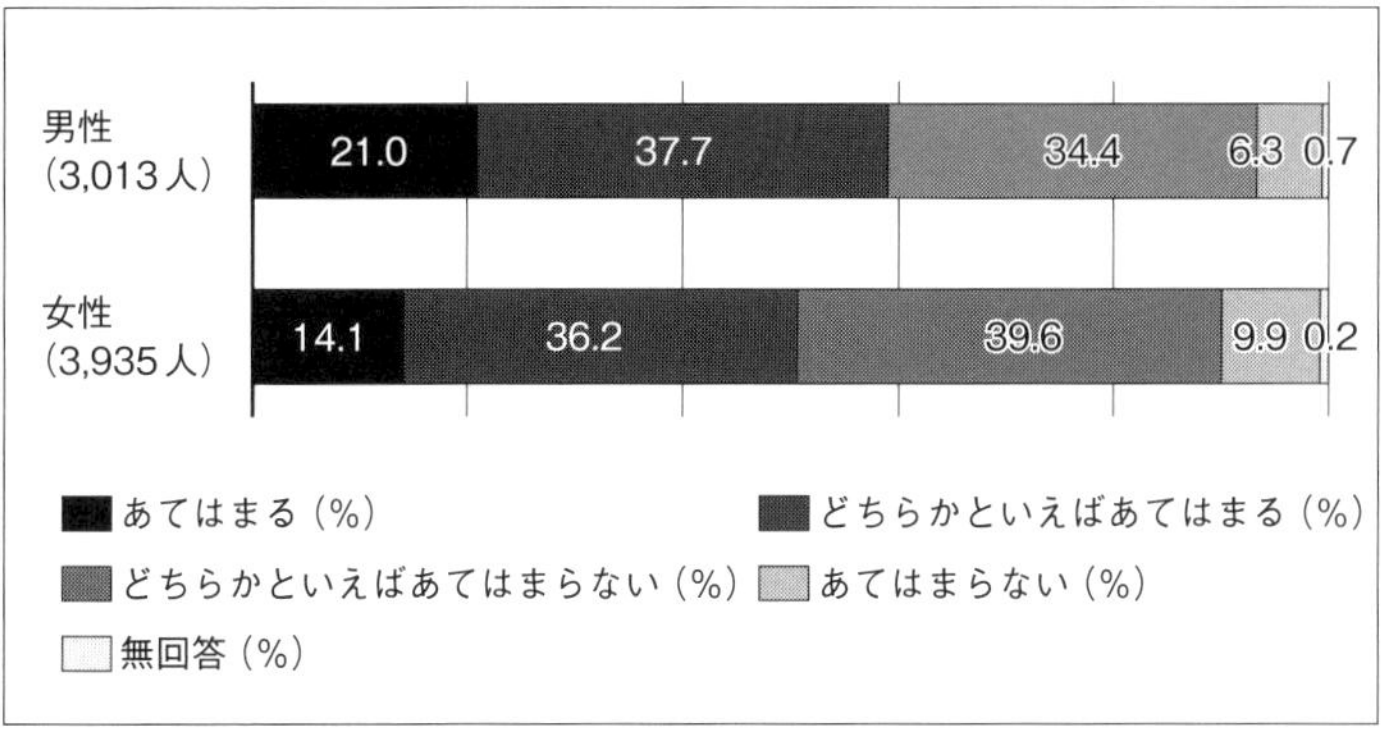

Point：女性は男性より我慢しないといけない場面が多いことが窺える。

これらのことから、

「苦痛を伴う感情表現を強いられるが、それによるメリットを享受できる」

という人生を女性は送っていると見ることができます。

さて、女性主人公を見てみると、たしかに感情は豊かですが、無理をしている様子はなく、ほとんどの場合は自然体です。

「ストレスなく喜怒哀楽を表現して振舞うことができる上、それが周囲に喜ばれる」

そうした主人公は、現実世界で苦しむ女性にとってはひとつの理想形といえます。だからこそ、読者は主人公を見ることで「代償的満足」を得ていると考えることができます。

一方で男性の場合は、「感情表現を抑え込んで生きる」ことが重視されます。

先ほど紹介した内閣府の調査でも、「表情が豊かである」と答えた男性は女性より少ないです。

男性の場合は幼少期から、

「泣くことで問題が解決する場面」

は、はっきりいって女性よりも少ない（それどころか、泣くことで状況が悪化することも多い）ですし、笑顔を見せても、

「**ニヤニヤして気持ち悪い**」

などと言われてしまうこともあります。

くわえて、

「他者を喜ばせることも大事だが、それ以上に〝能力〟を求められる」

という男性特有の事情もあるでしょう（詳しくは「第1部　第二節」20ページを参照）。

実際、男性が
「家事も仕事も苦手だが、愛想がよく明るい性格のため、異性から見初められ、結婚して温かい家庭を築く」

という生き方を実現することはかなり困難です。

表情が豊かである

「こども・若者の意識と生活に関する調査（令和4年度）」より

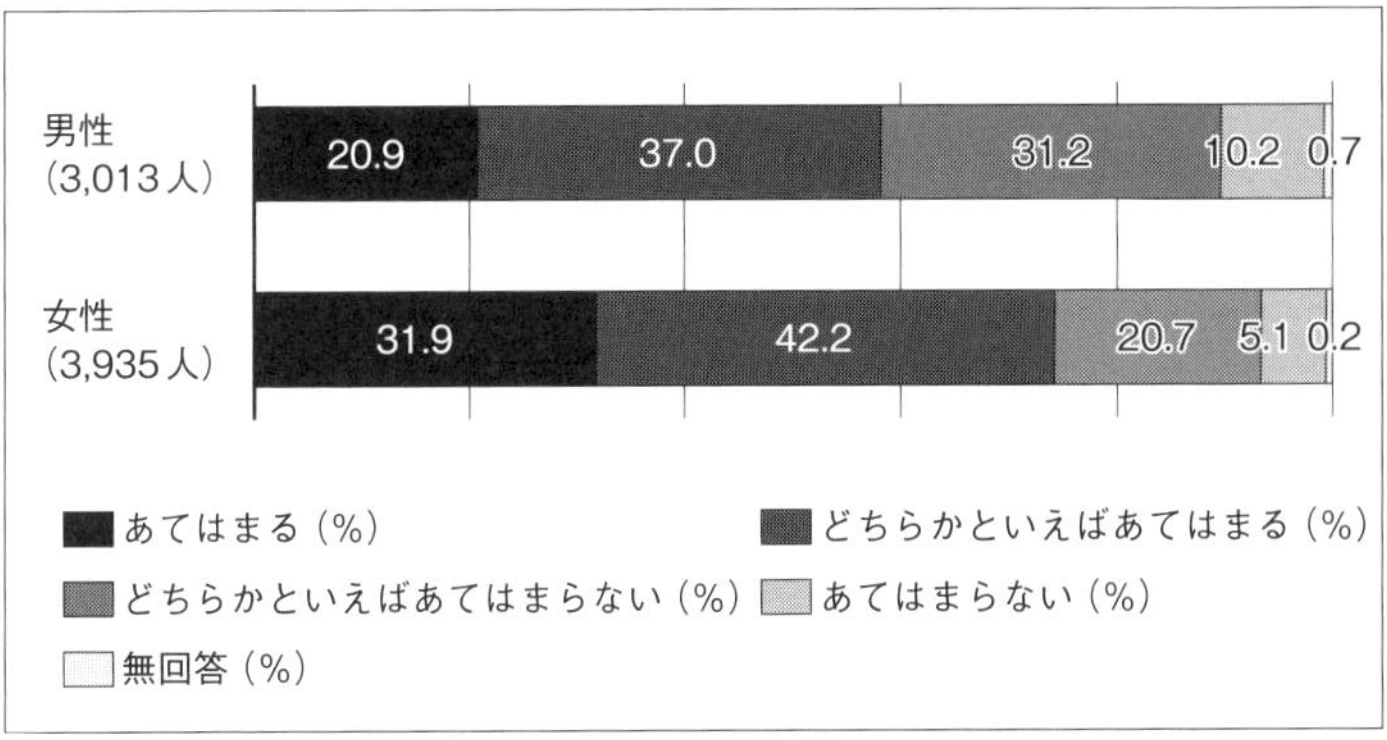

Point：男性は女性に比べると、感情表現に乏しい傾向がある。

その一方で、現実世界においては、

「不愛想で口数が少ないけど、女性にモテモテの男性」

というのはほとんどおらず、正直モテる人は、

「社交的で、話し上手な人」

ばかりです。不愛想でもモテる人がいたとしても、

「能力が高いから、不愛想な部分が差し引かれている」

パターンがほとんどで、

「不愛想なところが魅力的」

というケースは、現実世界で寡聞にして知りません。

そのことをはき違えて、

「女性に不愛想な態度を取っていれば、モテるだろう」

と勘違いして笑われた経験をお持ちの方は、筆者を含めて相当数いるのではと思います。

ですが、**これだけは声を大にして、はっきり言います！**

可愛い女子生徒に対して、クールぶって不愛想な態度をとるような**愚か者**が考える理想の反応は、

「そんな……あなたのこと、放っておけない！」

といったものでしょうが、残念ながら現実世界で彼女たちが見せる反応は、

「なにこの馬鹿、キモい。そっちこそ、話しかけないで」

になるでしょう。

……とまあ、それはおいておくとして、話を戻すと不愛想な主人公に共感する男性は、

「感情表現を抑えることを重視される一方、情緒豊かでないと異性に相手にされない」

という構造に不満があることで、

「ぶっきらぼうで、言いたいことを言いたいように言うが、能力が高いことで、周囲から尊敬される男性」

を見て、代償的満足を得ていると考えられます。

このように、

「**感情表現を強いられる女性**」

「**感情表現を抑えなければならない男性**」

という形の違いが、男女の主人公像の違いを生んでいるのでしょう。

■まとめ
男性は基本的に「感情を抑えて生きること」、女性は「自分を殺して相手に尽くすこと」が様々な場面で求められやすい。その反動として「自分らしく生きて周りに慕われるヒロイン」「不愛想だけど周りに尊敬される男性主人公」が生まれやすい。

【おわりに】
「男はいいよね」「女は楽だな」と思ったら…

本書はサブカルの「あるあるネタ」をもとにして、

「男性・女性に対して働いている心理」

について解説いたしました。

色々なお話をしてきましたが、ひとつわかっていただきたいのは、

「男女のつらさというのはまったく違うものであり、表裏一体とは言い切れない」

ということです。

たとえば、

「器が小さい」

「頼りない」

といった表現は女性に対してはあまり用いられませんし、

「きつい性格」

「高飛車」

といった表現は男性に対してはあまり用いられません。

そのため、

「男はいいよね」

「女はずるいな」

と考えてしまう方は、ひょっとしたら
「異性である方が得をする性格をしている」

という可能性は大いにあります。

「自分と同じ境遇・性格の異性は、自分よりも幸福な人生を送っている」

と考えてしまうため、不公平感を抱いてしまうのです。

しかし、そこで忘れてはいけないのは、

「人間は、自分が〝受けている苦しみ〟には敏感だが、自分が〝受けずに済んでいる苦しみ〟

には鈍感である」

ということです。

「自分もこういう苦労をしていたけど、もし自分が女性だったらこんな苦労をしていたんだな」

「私も大変だけど、私が男性だったら、別の苦労が待っていたんだな」

ということを知ることが大事です。


そこで重要なのが、やはり漫画やアニメなどのサブカルチャーでしょう。

「はじめに」でも述べたように、漫画やアニメは読者の願望を具現化したものといえます。

そのため、男性は男性向けの漫画、女性は女性向けの漫画を読む方が楽しく感じることも多いでしょう。

それに加えて、どうしても現在のネット社会では、

「自分の見たいもの、聞きたいこと」

ばかりが目につくような仕組みになっています。

そのため、たまには、

「自分向けの漫画やコンテンツじゃないだろうな」

と思っても、食わず嫌いをせずに読んでみたり、観てみたりすると、より相手の立場を理解することができるでしょう。

本書が読者のみなさまに少しでも役に立ちましたら、筆者としてそれほどうれしいことはありません。

最後までお読みいただき、ありがとうございました。

そして本書のカバーイラストを描いてくださった安藏くんこ先生、深くお礼を申し上げます。

２０２４年12月28日　小林奨

主要参考文献

■書籍

川合伸幸（監修）『「脳のクセ」に気づけば、見かたが変わる　認知バイアス大全』（ナツメ社）
情報文化研究所、山﨑紗紀子、宮代こずゑ、菊池由希子（著）、高橋昌一郎（監修）『情報を正しく選択するための認知バイアス事典』（フォレスト出版）
齊藤勇（著）『面白いほどよくわかる！　職場の心理学』（西東社）
林洋一（監修）『最新図解　よくわかる発達心理学』（ナツメ社）
碓井真史（監修）『よくわかる人間関係の心理学　史上最強図解』（ナツメ社）
大野裕、ＮＰＯ法人地域精神保健福祉機構（監修）『うつ病の人の気持ちがわかる本（こころライブラリーイラスト版）』（講談社）
池谷裕二（著）『自分では気づかない、ココロの盲点　完全版　本当の自分を知る練習問題80』（講談社）
南博（著）『心理学がわかる事典――読みこなし使いこなし自由自在』（日本実業出版社）
高橋美保（著）『試験にでる心理学　社会心理学編―心理系公務員試験対策／記述問題のトレーニング』（北大路書房）
中島義明、子安増生、繁桝算男、箱田裕司、安藤清志、坂野雄二、立花政夫（編集）『心理学辞典』（有斐閣）
情報文化研究所、米田紘康、竹村祐亮、石井慶子（著）、高橋昌一郎（監修）『情報を正しく選択するための認知バイアス事典　行動経済学・統計学・情報学 編』（フォレスト出版）
菊原智明（著）『決定版 営業心理術大全』（明日香出版社）

■ウェブサイト

「人々のつながりに関する基礎調査」（内閣官房ホームページ）
「令和４年版　少子化社会対策白書」（内閣府）
「男女共同参画白書 令和４年版 全体版」（内閣府）
「第16回出生動向基本調査（結婚と出産に関する全国調査）」（国立社会保障・人口問題研究所）
「令和４年版自殺対策白書」（厚生労働省）
「令和４年度 健康実態調査結果の報告」（厚生労働省ホームページ）
「【美容センサス２０２３年上期】〈美容室・理容室編〉」（株式会社リクルートホールディングス）
「こども・若者の意識と生活に関する調査（令和４年度）」（内閣府）

そのほか、多くの書籍、ＷＥＢサイトを参考にさせていただきました。

著者紹介
小林奨（こばやし・しょう）
東京生まれ。中央大学法学部卒業後、大手印刷会社に入社。在職中、心理学に興味を持ち、より専門的に学ぶために会社を退職。その後、都内の心理系大学院に進学し、交流分析をはじめ、様々な理論を学ぶ。「多くの人の役に立てる本」「一人だけでなく、大勢で読みたくなる本」を書くために、従来「恋愛心理学」「ビジネス心理学」の世界で使われてきた「社会心理学」だけでなく、「臨床心理学」や「発達心理学」の理論も活かしたライター業を行っている。無類の猫好き。
著書に『「ドラえもん」に学ぶダメな人の伸ばし方』『「らく」に生きる技術』『「なぜか許される人」がやっている24の習慣』『「SLAM DUNK」に学ぶ「癖のある部下」の活用術』（彩図社）などがある。

カバーイラスト：安蔵くんこ

なぜ『異世界もの』の主人公には男友達がいないのか？

2024年1月22日　第1刷

著　者　小林奨

発行人　山田有司

発行所　株式会社　彩図社
東京都豊島区南大塚3-24-4
MTビル　〒170-0005
TEL：03-5985-8213　FAX：03-5985-8224

印刷所　シナノ印刷株式会社

URL https://www.saiz.co.jp　https://twitter.com/saiz_sha

© 2024.Sho Kobayashi Printed in Japan.
ISBN978-4-8013-0700-1 C0095
落丁・乱丁本は小社宛にお送りください。送料小社負担にて、お取り替えいたします。
定価はカバーに表示してあります。
本書の無断複写は著作権上での例外を除き、禁じられています。